Elemente der Politik

Herausgegeben von
H.-G. Ehrhart, Hamburg
B. Frevel, Münster
K. Schubert, Münster
S. S. Schüttemeyer, Halle-Wittenberg

Die ELEMENTE DER POLITIK sind eine politikwissenschaftliche Lehrbuchreihe. Ausgewiesene Experten und Expertinnen informieren über wichtige Themen und Grundbegriffe der Politikwissenschaft und stellen sie auf knappem Raum fundiert und verständlich dar. Die einzelnen Titel der ELEMENTE dienen somit Studierenden und Lehrenden der Politikwissenschaft und benachbarter Fächer als Einführung und erste Orientierung zum Gebrauch in Seminaren und Vorlesungen, bieten aber auch politisch Interessierten einen soliden Überblick zum Thema.

Herausgegeben von

Hans-Georg Ehrhart
Institut für
Friedensforschung
und Sicherheitspolitik an der
Universität Hamburg, IFSH

Bernhard Frevel
Fachhochschule für
öffentliche
Verwaltung NRW, Münster

Klaus Schubert
Institut für
Politikwissenschaft
Westfälische
Wilhelms-Universität
Münster

Suzanne S. Schüttemeyer
Institut für
Politikwissenschaft
Martin-Luther-Universität
Halle-Wittenberg

Weitere Bände in dieser Reihe http://www.springer.com/series/12234

Florian P. Kühn

Risikopolitik

Eine Einführung

Springer VS

Florian P. Kühn
Helmut-Schmidt-Universität
Hamburg, Deutschland

Elemente der Politik
ISBN 978-3-658-15520-9   ISBN 978-3-658-15521-6 (eBook)
DOI 10.1007/978-3-658-15521-6

Die Deutsche Nationalbibliothek verzeichnet diese Publikation in der Deutschen Nationalbibliografie; detaillierte bibliografische Daten sind im Internet über http://dnb.d-nb.de abrufbar.

Springer VS
© Springer Fachmedien Wiesbaden 2017
Das Werk einschließlich aller seiner Teile ist urheberrechtlich geschützt. Jede Verwertung, die nicht ausdrücklich vom Urheberrechtsgesetz zugelassen ist, bedarf der vorherigen Zustimmung des Verlags. Das gilt insbesondere für Vervielfältigungen, Bearbeitungen, Übersetzungen, Mikroverfilmungen und die Einspeicherung und Verarbeitung in elektronischen Systemen.
Die Wiedergabe von Gebrauchsnamen, Handelsnamen, Warenbezeichnungen usw. in diesem Werk berechtigt auch ohne besondere Kennzeichnung nicht zu der Annahme, dass solche Namen im Sinne der Warenzeichen- und Markenschutz-Gesetzgebung als frei zu betrachten wären und daher von jedermann benutzt werden dürften.
Der Verlag, die Autoren und die Herausgeber gehen davon aus, dass die Angaben und Informationen in diesem Werk zum Zeitpunkt der Veröffentlichung vollständig und korrekt sind. Weder der Verlag noch die Autoren oder die Herausgeber übernehmen, ausdrücklich oder implizit, Gewähr für den Inhalt des Werkes, etwaige Fehler oder Äußerungen. Der Verlag bleibt im Hinblick auf geografische Zuordnungen und Gebietsbezeichnungen in veröffentlichten Karten und Institutionsadressen neutral.

Lektorat: Jan Treibel

Gedruckt auf säurefreiem und chlorfrei gebleichtem Papier

Springer VS ist Teil von Springer Nature
Die eingetragene Gesellschaft ist Springer Fachmedien Wiesbaden GmbH
Die Anschrift der Gesellschaft ist: Abraham-Lincoln-Str. 46, 65189 Wiesbaden, Germany

Vorwort und Dank

‚Danke' sagende Vorworte bergen stets ein nicht unerhebliches *Risiko,* wichtige Einflüsse zu vernachlässigen, ohne die ein Buchprojekt nicht möglich wäre. Der hier vorliegende Band verdankt wesentliche Impulse zur Form und eine Vielzahl inhaltlicher Weiterentwicklungen den Studierenden, die an Lehrveranstaltungen zu zeitgenössischer Sicherheits- und Risikopolitik teilgenommen haben, die Thesen und Themen engagiert diskutiert und infrage gestellt haben. Zuvorderst sind hier die Teilnehmerinnen und Teilnehmer der Masterseminare ‚Risiko und Resilienz' an der Helmut-Schmidt-Universität Hamburg im Wintertrimester 2013 und ‚Risiko in den internationalen Beziehungen' im Sommersemester 2013 an der Humboldt-Universität zu Berlin sowie der Vorlesung ‚Internationale Risikokonzeptionen und Risikopolitik' im Sommersemester 2015 an der

Otto-von-Guericke-Universität in Magdeburg zu nennen, denen mein besonderer Dank gilt. Hans-Georg Ehrhart und dem Herausgeberinnenteam der Reihe ‚Elemente der Politik' danke ich für die Ermutigung zur Ausarbeitung des Manuskripts, Jan Treibel für die Betreuung und hilfreiche Hinweise während des Prozesses. Profitiert habe ich in meinen Überlegungen von weiteren klugen Köpfen, die mit mir wesentliche Fragen diskutiert haben, darunter Luis Lobo-Guerrero, Stacey Gutkowski, Shahar Hameiri, Claudia Aradau, Jan Pospisil, Benjamin Zyla, Delf Rothe, Michael Daxner und nicht zuletzt Jana Hönke. Mark Duffield gilt besonderer Dank für die Fotos, die das Kapitel zur Entwicklungszusammenarbeit illustrieren. Die Unterstützung der Fakultät Wirtschafts- und Sozialwissenschaften und Annette Jünemann haben diesen Band erst ermöglicht. Eva und Heinz-Werner Höffken steuerten hilfreiche Hinweise zum Argument bei und halfen, es auszudrücken. Dieter Köhnlein danke ich für den Soundtrack zum Schreiben.

Gewidmet ist das Buch meinen Nichten Paula und Lea und dem Patenkind Sebastian, die in einer riskanten Welt aufwachsen.

Hamburg, Deutschland   Florian P. Kühn

Inhaltsverzeichnis

1 Einleitung   1

Teil I Theoretische Ansätze

2 Umgang mit Risiken   19
2.1 ‚Richtiges' Risikoverhalten   21
2.2 Leben in der Weltrisikogesellschaft   27

3 Risiko als Sozialtechnologie   45
3.1 Menschen steuern   46
3.2 Risiken bewirtschaften   62
3.3 Lebensweisen reglementieren   77

4 Risikokulturen   93

Teil II Fallanalysen

5 Risiken und Krieg   111

6 Entwicklungspolitik als Risikopolitik?   127

7 Terrorismus als ‚geschaffenes' Risiko   147

8 Internationale Gesundheitsrisiken   163

9 Risikopolitik im 21. Jahrhundert   179

10 Kommentierte Literatur   203

Literatur   207

1

Einleitung

Dieses Buch ist eine Einführung in Risikokonzeptionen und Risikopolitik. Risiken sind sowohl im internationalen Bereich als auch innerhalb staatlicher Gesellschaften relevant, häufig sogar handlungsleitend. In vielen Fällen, wie dieses Buch zeigt, sind innenpolitische und internationale Risikoerwägungen untrennbar miteinander verflochten. Mitunter sind Risikoerwägungen in ‚normalen' gesellschaftlichen Abläufen ‚versteckt', etwa im Versicherungsgeschäft. Bestimmte Arten, mit Risiken umzugehen, hängen von der kulturellen und ökonomischen Praxis ab, sie globalisieren sich mit der internationalen Vernetzung. Sie sind also politisch, und sie werden dennoch selten in ihrer Funktion zur (Selbst-)Steuerung der Gesellschaft oder in ihren Auswirkungen auf internationale Einflussnahme bis hin zu Interventionen thematisiert. Wir alle sind von Risiken betroffen – zu verstehen, wie wir auf Risiken reagieren (sollen) und welche politischen Folgen sich aus dem Umgang mit Risiken ergeben, erlaubt einen Zugang zum Kern von politischen Entscheidungen zu finden.

> Priorisieren Sie die folgenden Lebensrisiken:
> Atomkrieg, HIV/Aids, Verkehrsunfall, Krebs, Organversagen, Umweltkatastrophe, Flugzeugabsturz, terroristischer Anschlag.

Um diese Risiken abzuschätzen, ziehen wir viele verschiedene Kriterien heran, um die Wahrscheinlichkeit ihres Eintretens zu erwägen. Jemand mag argumentieren, vom Flugzeugabsturz nicht bedroht zu sein, weil sie nicht fliegt; folglich rangiert dieses Risiko dann ganz unten. Bei vielen kann man nicht sicher sein: Bin ich, kann ich von etwas betroffen sein? Wenn wir nach Gründen suchen, warum der Atomkrieg in der eigenen Einschätzung vor dem terroristischen Anschlag rangiert, wird es schwierig. Weil die Presseberichterstattung über terroristische Anschläge eine konkrete, dauerhafte Gefahr suggeriert? Oder weil wir *objektiv* wissen, dass es nicht zu einem Atomkrieg kommen wird?

Dieses Buch liefert keine Antwort darauf, welches Risiko ‚riskanter' als ein anderes ist. Zugeschnitten auf die Referenzgruppe findet sich eine beeindruckende Menge an Daten beim statistischen Bundesamt (www.destatis.de):

> **Tabakkonsum**
>
> Das Rauchen ist in den Industrienationen das bedeutendste einzelne Gesundheitsrisiko und die führende Ursache vorzeitiger Sterblichkeit. Zu den Erkrankungen, die bei Raucherinnen und Rauchern vermehrt auftreten, gehören Herz-Kreislauf-, Atemwegs- und Krebserkrankungen. Außerdem wirkt sich das Rauchen nachteilig auf den Stoffwechsel, das Skelett, den Zahnhalteapparat, die Augen und die Fruchtbarkeit aus [1, 2]. An den Folgen des Rauchens sterben allein in Deutschland jedes Jahr zwischen 100.000 und 120.000 Menschen (Robert-Koch-Institut 2015, S. 218).

Die Nüchternheit solcher vermeintlich objektiven Zahlen wird hier auf den Prüfstand gestellt. Das heißt nicht, sie in Zweifel zu ziehen; es heißt allerdings, zu fragen, wie die Politik des Risikos zu verstehen ist: Warum berichten Staaten und andere Institutionen über statistisch erfasste Wirklichkeit? Wen wollen sie beeinflussen und warum? Konkret bieten zwei Fragen einen brauchbaren Ausgangspunkt: Worauf bezieht sich ein Risiko? Wer ist davon betroffen? Aus der Definition von Betroffenheit – im Fall des Rauchens beispielsweise eine Unterscheidung zwischen Gelegenheits- und starken Rauchern[1] – ergeben sich nämlich unterschiedliche Grade von Betroffenheit, die keineswegs irrelevant sind. Denn ob Geld dafür ausgegeben wird, Präventionsmaßnahmen zu organisieren, also Menschen vom

---

[1]Aufgrund der üblichen Verwendung des generischen Maskulinums wird auch in diesem Band von ‚Rauchern' gesprochen, wenn Raucherinnen und Raucher und (häufig mit * gekennzeichnete) andere Identitäten gemeint sind; im Bewusstsein der sprachlichen Fehlrepräsentanz werden allerdings in der dritten Person die femininen Pronomina verwendet.

Rauchen abzuhalten, oder um eine bestmögliche Gesundheitsversorgung für Raucher zu gewährleisten, zieht eine Menge von Folgeentscheidungen nach sich, die ggf. über Leben und Tod entscheiden.

Das Wissen um Risiken, ob sie bestehen oder nicht, hat Verhaltensänderungen zur Folge. Nehmen wir beispielsweise an, Sie priorisieren einen terroristischen Anschlag an Nummer eins, und nehmen wir an, Sie treffen Ihre Wahlentscheidung danach, welche Partei Ihre Sicherheit am ehesten zu schützen verspricht: Sie würden also eine Partei wählen, die den Schutz vor Terrorismus als wichtigstes Gut ansieht, die Mittel aus Hochschulen und Krankenhäusern abzieht, um Grenzkontrollen und Überwachungsmaßnahmen auszubauen…; nehmen wir im Gegenteil an, Sie priorisieren den Verkehrsunfall hoch, welche Folgen hat dies für Ihr Alltagsverhalten? Fahren Sie dann noch mit dem Fahrrad zur Arbeit/zur Uni – oder hätten Sie Bedenken wegen eines potenziellen Fahrradunfalls? Würden Sie sich einen Job suchen, den Sie zu Fuß erledigen können? Wenn Sie Organversagen als riskant einschätzen, trinken Sie dann noch Alkohol oder rauchen Sie dann noch? Und so weiter: Jede Entscheidung folgt einer Abwägung von Risiken gegeneinander, und jede Entscheidung zieht neue Risikoerwägungen nach sich.

Die Einschätzung von Risiken hat persönliche Folgen für das Verhalten in der Welt und im Umgang mit anderen, wirkt sich aber auch auf kollektive Entscheidungen aus: Nur politisch vermittelt ist beispielsweise auf die Regulierung von Umweltrisiken einzuwirken, etwa, ob Dämme gegen Hochwasser gebaut werden oder Grenzwerte für Chemikalien in Nahrungsmitteln festgesetzt, kontrolliert und Verstöße dagegen sanktioniert werden. International, etwa, wenn wir die Folgen des Klimawandels bewerten, wird es komplizierter, weil die Regulierungsmechanismen nicht so eindeutig, zielorientiert und hierarchisch gegliedert funktionieren wie das aus den politischen und Verwaltungsprozessen in Staaten bekannt ist. Noch komplexer wird die Beschäftigung mit dem Risiko, wenn wir uns vor Augen halten, dass unser Wissen unvollständig und unvollkommen ist. Damit ist nicht gesagt, dass wir nichts wissen, aber es gibt Risiken, die wir kennen, und es gibt solche, von denen wir nichts wissen. In der Risikopolitik ist nicht immer eindeutig zu trennen, was national oder international ist – vielmehr sind die Phänomene, also der Gegenstand des Risikos, ihrer Natur nach praktisch immer inter- bzw. transnational. Auch die disziplinären Grenzen sind nicht eindeutig: Die Internationalen Beziehungen haben selbst kaum explizite Konzepte zur Risikoerforschung vorgelegt, sondern soziologische Konzepte angepasst, adaptiert und anwendbar gemacht.

Dabei ist die Abwägung von Risiken in der Sicherheitspolitik ein wesentlicher Pfeiler, da Staaten über andere Staaten (und auch nichtstaatliche Akteure) übereinander nur begrenztes Wissen besitzen können. Klassisches Ziel der Spionage ist (neben anderen wie beispielsweise persönliche Details herauszufinden, die sich für Erpressung nutzen lassen oder sich wirtschaftliche Vorteile zu verschaffen), die Ungewissheit zu reduzieren und damit Risiken zu beherrschen. Gleichwohl bleiben Ungewissheiten stets erhalten, die politische Akteure vor Entscheidungen stellen, die sie auf der Basis unvollständigen Wissens treffen müssen. Der Umgang mit Ungewissheit, und damit in der Folge der Umgang mit Risiken, kann politisch manipulativ sein: Die Frage, ob Saddam Hussein Massenvernichtungswaffen besitze, wurde im Vorfeld der Irakinvasion 2003 so diskutiert, dass man eben nicht abwarten könne, sondern gerade weil Ungewissheit herrsche, handeln müsse. Tony Blair gab vor, zu befürchten, dass Gewissheit in Form einer Pilzwolke (einer nuklearen Bombe) komme.

In den Worten des früheren US-Verteidigungsministers Donald Rumsfeld: „As we know, there are known knowns; there are things we know we know. We also know there are known unknowns; that is to say we know there are some things we do not know. But there are also unknown unknowns—the ones we don't know we don't know."[2]

Der Film *The Unknown Known* von Errol Morris, der dazu eine Reihe von Blogbeiträgen (Morris 2014; vgl. Graham 2014) veröffentlicht hat, illustriert, wie der politische Verzicht auf belastbares Wissen ('Beweise') politische Entscheidungen in den quasireligiösen Bereich des Glaubens, Glauben-wollens, der Doktrin und Ideologie verschiebt. Risikoabschätzung stellt ein Problem für die demokratische Kontrolle dar. Dass faktenbasierte politische Entscheidungen getroffen werden sollen, ist ein Anspruch, den die für diese Entscheidungen haftenden Bevölkerungen nicht aufgeben und dessen Umsetzung sie

---

[2] „Wie wir wissen gibt es bekanntes Wissen; also Dinge, von denen wir wissen, dass wir sie wissen. Wir wissen auch, dass es bekanntes Unbekanntes gibt, also dass es Dinge gibt, von denen wir wissen, dass wir sie nicht wissen. Es gibt aber auch unbekannte Unbekannte – Dinge, von denen wir nicht wissen, dass wir sie nicht wissen" (eig. Übers.).

kontrollieren sollten. Denn wir können, auch darauf weist Morris hin, einzelne Abwägungen nicht aus dem Kontext gerissen betrachten. Entscheidungen, mit einem Risiko auf die eine oder eine andere Art umzugehen, erschaffen neue Risiken – wir müssen also von Risikokaskaden ausgehen, in der eine Entscheidung ein neues Risiko gebiert, über das eine neue Entscheidung getroffen werden muss. Diese Beobachtung gewinnt politische Brisanz, wenn ein freihändiger Umgang mit Wissen und Wahrheit durch populistische Parteien oder Kandidaten im post-faktischen Diskurs um sich greift (Leggewie 2016).

Die Frage der Ungewissheit ist deshalb zentral für den Umgang mit Risiken. Denn Politik, insbesondere internationale Politik, ist von Ungewissheit geprägt. Der Drang von Geheimdiensten und anderen Sicherheitsbehörden, stets mehr Information zu sammeln, entspringt diesem Unbekannten, das noch erhellt werden muss: Ein Risiko nicht richtig bewertet zu haben, weil die Informationen unvollständig sind, scheint, obwohl es doch lebensweltlich ständig passiert, politisch inakzeptabel zu sein. In den Kapiteln zu poststrukturalistischen Überlegungen zum Risiko öffnet die Frage des Umgangs damit Perspektiven darauf, Herrschaft als Kontrolle, Überwachung und Steuerung gesellschaftlicher Prozesse zu verstehen. Wissen ist dabei eine zentrale Kategorie im Umgang mit Risiken. Das bedeutet aber auch, dass Wissensproduzenten, wie beispielsweise die Universitäten, nicht außerhalb der Politik des Risikos stehen können. Wissen zu generieren, sei es durch Akademiker, sei es durch staatliche Behörden, sei es durch die Presse, ist ein politischer, also ein mit Macht und Einflussversuchen durchsetzter Prozess. Allein etwas als Risiko zu definieren, ist bereits eine Entscheidung, die etwas aufwertet und etwas anderes in den Hintergrund zwingt. Der Terrorismus ist dabei nur eines von mehreren Themen, anhand dessen sich dies zeigt. Freilich macht der Terrorismus folgende Fragen anschaulich: Was wissen wir über Risiken? Wer bestimmt, welches Wissen relevant ist? Wer beeinflusst, welches Wissen wie vorhanden ist und wie es kommuniziert wird?

Daraus folgen Fragen ans Risiko als (Sozial-)Technologie: Welche technologischen Möglichkeiten haben Gesellschaften, Regierungen oder Akteursgruppen wie Unternehmer, Aktivisten, politische Parteien oder Bürgerinitiativen, Risiken politisch wirksam zu machen? Gesetze gegen Terrorismus wurden beispielsweise erlassen, die bürgerliche Freiheiten, die Pressefreiheit, Reise- und Kommunikationsfreiheiten einschränken, obwohl es begründete Zweifel gibt, dass dadurch das Risiko von Terrorismus gesenkt worden wäre. Risiko ist eine Möglichkeit zur Steuerung der Gesellschaft: Denn wenn die Presse entscheidet, was veröffentlicht werden kann und was nicht, ohne die Sicherheit zu gefährden, wenn die Bevölkerung die Maßnahmen am Flughafen und den damit verbundenen Zeitaufwand widerspruchslos hinnimmt, wenn Menschen beginnen, verschiedene Verhaltensweisen zu meiden und andere intensivieren, dann haben Risiken erheblichen Einfluss auf die Lebensgestaltung. Anders formuliert: Risikokalküle begünstigen manche Arten zu leben und begrenzen andere.

Dieses Buch ist eine Annäherung an diese Fragen, wobei es notwendigerweise ein Ausschnitt bleibt. Durch die hier vorgestellten Ansätze werden Anwendungsmöglichkeiten deutlich, wie Risiken kritisch analysiert, diskutiert und die Mechanismen offengelegt werden, wie sie ‚funktionieren'. Die Herangehensweise ist theoretisch inspiriert, aber höchst praktisch, wenn wir uns die lebensweltliche Relevanz von Risiken und aus ihnen folgende Vermeidungs-, Management- und Kompensationsstrategien vor Augen führen. Regelmäßig werden in der Öffentlichkeit Fragen der Terrorismusbekämpfung, der Abwehr von Infektionsrisiken wie Ebola oder resistenten Keimen, aber auch der Verringerung anderer Krankheitsrisiken wie Krebs durch entsprechende Ernährung, der Minimierung und des Managements sogenannter systemischer Risiken von Finanzmärkten und Investitionen, oder auch der staatlichen Regulierung von Verkehrsverhalten verhandelt. Dieses ‚Reden' über Risiken verändert, wie diese wahrgenommen werden: Während im Ost-West-Konflikt die höchste Gefahr von einer nuklearisierten militärischen Konfrontation zwischen der Sowjetunion und den USA auszugehen schien, liegt der Fokus heute kaum mehr auf einer militärischen Eskalation als Vernichtungsrisiko, obwohl noch immer ausreichend Sprengköpfe bereitgehalten werden. Auch wenn die Ukrainekrise in Erinnerung gerufen hat, dass es diese Waffen noch gibt und dass sie einsatzfähig sind, werden sie nicht als erhebliches Risiko gesehen.

Risiko ist ein Konzept, das Banken und Versicherungen gut kennen. Dass Risiken trotz ausgefeilter Technik, sie zu berechnen, eintreten können, konnte man in der Finanzkrise 2007/2008 beobachten. Gleichwohl würden Banken und Versicherungen ohne Risiko nicht existieren. Denn sie bewirtschaften die Unsicherheit – die Unvollständigkeit und Unvollkommenheit von Wissen – mit statistischen Methoden und mit mathematischen Modellen. Wenn ein Risiko als höher eingeschätzt wird als ein anderes, dann sind die Risikoprämien höher. Die Berechnung basiert auf Erfahrungswissen, das statistisch erfasst wird. Im Falle von Haftpflicht-, Feuer-, oder Hausratversicherungen leuchtet das ein, weil die Prämie die Wahrscheinlichkeit widerspiegelt, dass eine Versicherung für einen Schaden einstehen muss. Wenn aber durch gesellschaftlichen Wandel neue Risiken entstehen, auf welches Erfahrungswissen soll, kann man sich beziehen? Wie wird mit unversicherbaren Problemen umgegangen?

Nicht nur Gegenstände, auch das Leben lässt sich versichern. Versichertes Leben heißt, dass die Bevölkerung hinsichtlich ihrer Lebensumstände soweit erfasst ist, dass das Risiko eines vorzeitigen Todes abgeschätzt werden kann. Dafür ist zunächst Wissen über Bevölkerungen, aber auch über ihr Verhalten – wie ernährt sich die Bevölkerung, wird Sport getrieben, wodurch entstehen Unfälle? – erforderlich, das im größeren Teil der Welt nicht vorhanden ist. Teils sind die Staaten nicht leistungsfähig genug, diese Daten zu erheben, teils fehlt es an wirtschaftlichem Interesse an Absicherung. 2007 wurden 88 % der Lebensversicherungspolicen in OECD-Ländern, 70 % in den G7-Ländern und 38 % in der EU verkauft; demgegenüber liegt der Marktanteil von Lebensversicherungen in Afrika bei 1,3 %, 2,2 % in Lateinamerika und der Karibik sowie 4,4 % in Süd- und Ostasien (Lobo-Guerrero 2011, S. 1).

Das Leben eines großen Teils der Weltbevölkerung ist nicht versichert – was aber bedeutet das? Der Wert eines Lebens ermisst sich nicht aus abstrakten ethischen

Kriterien, sondern aus der ihm zugerechneten Lebensproduktivität. Leben wird nach seinem produktiven Gegenwert versicherbar. Das setzt voraus, dass die Menschen Teil einer Gesellschaft sind, die kapitalistischen Kriterien folgt: Nur dort, wo Erwerbsbiografien erwartbar sind, kann die Produktivität kalkuliert werden. Erwartbar sind sie dann, wenn es Erfahrungswerte gibt – Statistiken -, aus denen sich mit hinreichender Wahrscheinlichkeit eine Lebenserwartung errechnen und dazu in Relation ein Risiko kalkulieren lässt, dass diese Lebenserwartung nicht erreicht wird. Global gesprochen heißt das, dass der überwiegende Anteil der Bevölkerung *nicht* oder nicht umfassend in kalkulierbare kapitalistische Wirtschaftskreisläufe eingebunden ist. Wirtschaftliche Unterschiede weisen auf Machtverhältnisse hin, und sie erhellen die Zusammenhänge zwischen wirtschaftlichem Handeln und der Art, wie Menschen leben.

Dieses Buch erklärt nicht, wie Risiken berechnet werden. Es ist keine Einführung für Versicherungsmathematiker. Nicht die eigentliche Praxis der Risikoerfassung wird hier betrachtet, sondern die sozialen Beziehungen und Machtverhältnisse, die ausschlaggebend dafür sind, wie mit Risiken umgegangen wird. Von Michel Foucault inspirierte Überlegungen verstehen Risiko als Technologie des Regierens, der Erfassung und Steuerung von gesellschaftlichem Handeln. Ulrich Beck und Anthony Giddens argumentieren unter dem Begriff der ‚reflexiven Modernisierung', dass Modernisierungsschritte unausweichlich neue Risiken kreieren und so einen sich immer weiter fortsetzenden Prozess von neuen Risiken, ihrer Regulierung und in der Folge aus der Regulierung hervorgehenden weiteren Risiken in Gang setzt. Solche ‚entgrenzten' Risiken entziehen sich der nationalstaatlichen Regulierung und werden zur *conditio humana* unserer Zeit.

Risiken überschreiten Grenzen, und zwar solche sozialer Klassen, aber auch von Räumen, beispielsweise in Form von Radioaktivität oder Terrorismus, die nicht mehr eindeutig politisch umgrenzten Gebieten zuzuordnen seien. Für die Forschung hat das weitreichende Folgen: Können wir noch soziale Phänomene bezogen auf Staaten analysieren? Oder müssen wir nicht den methodologischen Nationalismus überwinden und nicht mehr von der ‚griechischen Schuldenkrise' oder der ‚indischen Armut', den ‚russischen Atomwaffen' oder anderen national zugeordneten Phänomenen sprechen? Transnationale Risiken bieten einen Weg, das Verständnis der Welt als Staatenwelt kritisch zu hinterfragen.

Ein Ansatz ist, zu fragen, wie ‚real' Risiken eigentlich sind. Sowohl Mary Douglas als auch Michel Foucault betrachten Risiken als soziale Konstruktion. Das heißt, sie gehen davon aus, dass es Risiken nur gibt, wenn die Menschen, die Gesellschaft politisch auf wahrgenommene Probleme als Risiken reagiert und damit diese erst ‚wirklich' macht. Ein Risiko, von dem niemand etwas weiß, wäre insofern kein Risiko. Zugespitzt formuliert fragen sie nicht danach, wie man Risiken begegnen kann, sondern wie sie in die Welt kommen: Was macht ein Risiko zum Risiko? Demgegenüber gehen die ‚Realisten' davon aus, dass Risiken objektiv existieren. Es besteht grundlegende Uneinigkeit, ob Risiken eigentlich ‚da draußen' sind oder der Gesellschaft, den Regierenden, dem Diskurs entspringen. Daraus ist eine produktive Debatte und viele Forschungsfelder entstanden: Risiken werden, obwohl sie umfassenden Einfluss auf unser aller Leben haben, aus verschiedenen Perspektiven betrachtet. Sich mit Risikopolitik auseinanderzusetzen öffnet deswegen auch Perspektiven auf die Art, wie wir die Welt analysieren. Denn wir gehen davon aus, dass Risiken nicht einfach über uns kommen wie Schicksalsschläge, sondern gesellschaftlich verankert, reflektiert und eingebettet sind. Dieses Buch zeigt, wie.

Im ersten Teil werden drei einflussreiche theoretische Ansätze zum Risiko vorgestellt. Zunächst wird ein Teil der Literatur vorgestellt, die den ‚richtigen' Umgang mit Risiken thematisiert. Im weitesten Sinn kann dieser Zweig als ‚Risikorealismus' bezeichnet werden, weil die Autoren davon ausgehen, dass Risiken real sind. Ulrich Beck hat die Wahrnehmung des Risikos entscheidend beeinflusst. In der Folge des Reaktorunglücks in Tschernobyl wurde sein Buch von der Risikogesellschaft 1986 weit rezipiert. Sein Argument, das wesentliche Risiken der Moderne durch die Modernisierung selbst erst hervorgebracht, aber auch mit den Mitteln der Moderne bearbeitet werden, fand in technikskeptischen Zeiten prominenten Widerhall.

Statt Risiken als objektiv existent zu betrachten, wenden sich von Michel Foucault inspirierte Ansätze der Risikopolitik als Technologie des Regierens zu. Foucault wird hier zunächst vorgestellt, er bereitet das Verständnis für die Abläufe von Risikopolitik mit seinen Überlegungen zur Governmentality vor. Expliziter arbeiten Ewald und Castel aus, wie Risiko als (post-)moderne Technologie funktioniert, die im Rahmen einer bestimmten Art zu wirtschaften eingesetzt wird, aber auch, um Herrschaft zu organisieren und auszuüben. Die wirtschaftliche Verwertung des Risikos als Lebensform wird hier explizit angesprochen. Als Biopolitik beschreibt Lobo-Guerrero die Steuerung von Lebensstilen in kapitalistischen Gesellschaften. (Ökonomische) Risikopraxis prägt das Verständnis von sozialen Zusammenhängen in der Welt; konkret waren spezifische Wissensarten verantwortlich, den Einfluss der christlichen Lehre in europäischen Staaten in der beginnenden Neuzeit zu verändern, wodurch ein gestaltbare Welt denkbar und Risiko zum Mechanismus wurde, die Ungewissheit zu steuern.

Mary Douglas und Aaron Wildavsky beschreiben, wie Risiken und ihre Wahrnehmung von kulturellen Faktoren abhängig sind. In Risikozuschreiben sind Werturteile enthalten, und die Verhandlung der Riskantheit eines Phänomens kann Aufschluss darüber geben, welche Normen in sich wandelnden Gesellschaften ausgehandelt werden. Risiken sind also nicht objektiv vorhanden, sondern hängen davon ab, welche Risiken eine Kultur ‚zulässt' oder ausschließt.

Im zweiten Abschnitt werden Risiken themenbezogen vorgestellt und an die theoretischen Ansätze rückgebunden. Zunächst wird anhand des Krieges dargelegt, wie in liberalen Staaten Krieg als Risiko, aber auch als Mittel zum Risikomanagement gesehen wird. Dabei steht im Mittelpunkt, wie sich internationale Krisen- und Risikopolitik in den letzten Jahrzehnten gewandelt haben, wobei eine Risikofokussierung zunehmend handlungsleitend wurde.

Zur Nord-Süd-Kooperation oder Entwicklungshilfe stellt sich ebenfalls die Frage, wie Risikoüberlegungen hier wirken. Sie bestimmen zunehmend die Praxis in Entwicklungs- und humanitären Missionen, wie lokale Bevölkerungen mit internationalen Organisationen interagieren und wie diese die soziale Wirklichkeit verstehen. Wenn Armut zunehmend zum Risiko wird, etwa Sicherheitsprobleme wie Terrorismus der Armut zugeschrieben werden, dann bleibt zu überlegen, inwieweit Entwicklungs- gleichzeitig wohlüberlegte Risiko- und Sicherheitspolitik ist. Der Umgang aber mit Menschen in den Ländern, die hier zum Gegenstand von Risikomanagement werden, verändert sich dadurch, oft mit paradoxen Folgen.

Die Entgrenztheit der Reaktionen auf Terrorismus und die Ausweitung counter-terroristischer Maßnahmen erscheint als Paradefall des entgrenzten Risikos. Insbesondere wie Vorsorge und Prävention gegen das Eintreten von als Risiko definierten Fällen einer immer ausgreifenderen Logik folgen wird hier gefragt. Diese Logik führt international zu Aufrüstung und Befähigungsprojekten (wie Polizeiausbildung), staatliche Überwachung und enge Steuerung der Gesellschaft wird so legitimiert, weil nur der Staat in der Lage sei, Sicherheit und Frieden zu gewährleisten. Der Staat verwandelt sich von einem Vorsorge- zu einem Präventionsstaat.

Anhand globaler Gesundheitspolitik wird gezeigt, wie Regelungen – konkret zur Eindämmung von Pandemien –, die auf ‚besserem' Wissen beruhen und mit Machtmitteln abgesichert sind, weltweit durchgesetzt werden. Mit der Begründung, Risiken eindämmen und managen zu müssen, schwächen diese Regelungen sonst gültige staatliche

Normen wie Souveränität und autonome politische Entscheidung. Die Lebenswelten unterschiedlichster Kulturen werden dadurch vereinheitlicht und letztlich in eine kapitalistische Logik einbezogen. Individualisierung kollektiver Güter und global einheitliche ‚Governance'-Mechanismen kommodifizieren, kapitalisieren und rationalisieren zunehmend globale Sozialbeziehungen.

Abschließend werden die theoretischen Ansätze mit den empirischen Studien gemeinsam reflektiert, wobei die Überlegungen des Ökonomen Frank Knight den Ausgangspunkt bilden. Er argumentiert aus einer wirtschaftlichen Perspektive und entwirft Möglichkeiten zur Risikoabschätzung, wobei er *Risiko*, bei dem mit hinreichender Sicherheit bekannt ist, innerhalb welcher Parameter es eintreten kann, und *Ungewissheit* unterscheidet. In diesem Spannungsfeld werden die Unterschiede der theoretischen Ansätze und die praktisch-risikopolitischen Konsequenzen deutlich, die sich aus diesen Perspektiven ergeben.

Zum Abschluss eines jeden Kapitels werden Fragen formuliert, die das Verständnis systematisieren helfen. Die Literaturangaben stellen Texte vor, auf denen die Kapitel jeweils schwerpunktmäßig beruhen und von deren Überlegungen sie ausgehen.

Teil I

Theoretische Ansätze

2

Umgang mit Risiken

Mit Risiken umzugehen, ist eine zentrale Herausforderung des Lebens. Wer nicht richtig einschätzt, welche Gefahr ihr droht, spielt mit dem eigenen Leben, häufig auch mit dem anderer. Risiken gehen vom Verhalten Einzelner aus, aber auch vom aggregierten Verhalten von Gruppen – das heißt, es entsteht als Summe kollektiver Handlungen, die ungewollte Risiken produzieren, sei es für diejenigen, die sich an einer bestimmten Betätigung beteiligen, sei es für jene, die augenscheinlich unbeteiligt sind. Nicht alle Risiken lassen sich dabei verlässlich einschätzen: Entweder, wir wissen nichts über die Zusammenhänge, durch die aus einem Risiko eine konkrete Gefahr wird, etwa, ob beim Skifahren ein Lawinenabgang unmittelbar bevorsteht oder als – allzeit mögliches, aber je nach Witterung, Schneelage und anderen Einflussgrößen unterschiedlich wahrscheinliches – Risiko miteinkalkuliert wird. Oder wir unterliegen einer Fehlwahrnehmung: Viele Menschen halten Reisen im Flugzeug für gefährlich, obwohl es – gerechnet auf Reisende, zurückgelegte Entfernungen und Flugreisen insgesamt – das wohl sicherste Verkehrsmittel ist. Selbst wenn neben die ‚normalen' Gefahren des Fliegens – etwa technisches oder menschliches Versagen – eine wöchentliche Flugzeugentführung träte, in deren Folge alle Passagiere sterben würden, schreibt Daniel Gardner (2008, S. 3, auch Mueller 2005), sei die Gefahr für Leib und Leben, wenn man statt zu fliegen auf das Auto umstiege, um das 20-fache höher. Im Versuch, ein Risiko zu umgehen (es also durch individuelles Verhalten zu verringern), gehen wir aufgrund einer Fehleinschätzung ein anderes, möglicherweise viel höheres ein. Ob ausweichend oder von Beginn an sind wir Risiken ausgesetzt, die wir nicht kennen. Ignoranz gegenüber Risiken, wie sie etwa bei Rauchern im 20. Jahrhundert vorherrschte, die dann Gegenstand vieler Entschädigungsklagen wurde, wäre hier zu nennen. Den bereits verstorbenen Rauchern halfen die gezahlten Kompensationen freilich nichts.

Infrage steht also unsere Fähigkeit, Risiken realitätsbezogen *richtig* einzuschätzen. Mangel an Information (absichtlich vorenthaltene ebenso wie fahrlässig nicht eingeholte Informationen), Fehleinschätzungen oder unzureichende Priorisierung von Risiken sind Probleme, denen wir im Umgang mit Risiken ständig ausgesetzt sind. Diese Kapitel widmet sich deshalb dem Aspekt, wie mit Risiken ‚realitätsnah' umgegangen werden kann. Es liefert damit einen Einstieg in die Debatte um die Risikopolitik, indem aus individueller Sicht dargelegt wird, welche Risikoentscheidungen jede von uns tagtäglich treffen muss.

Der professionalisierte und bürokratisierte Umgang mit Risiken wird hier ebenso beleuchtet wie die Logik von Risikoratgebern. Das Kapitel bettet den ‚realitätsnahen' Umgang mit Risiken in die sozialtheoretischen Überlegungen Ulrich Becks ein. Seine These von der ‚Weltrisikogesellschaft' als von entgrenzten Risiken betroffenen, global in Risikozusammenhänge eingebundenen Menschen, deren Versuche, mit Risiken umzugehen, stets neue Risiken schaffen, wird erläutert und problematisiert.

2.1 ‚Richtiges' Risikoverhalten

Der Soziologe Ortwin Renn (2014; Renn et al. 2007) hat wohl das umfassendste Werk zur Risikopraxis vorgelegt. Seine akribisch recherchierten Bücher sind gleichwohl nicht so populär wie die seines 2015 verstorbenen Fachkollegen Ulrich Beck. In ‚Das Risikoparadox' (2014) wägt er ab, welchen ‚Bedrohungen' – also konkreten Gefahren – wir je nach Lebensstilen ausgesetzt sind. Er spielt auf der Basis statistischer Daten durch, wie ‚riskant' konkrete Risiken sind: Von Krebserkrankungen, Giften – durch Chemie, in Lebensmitteln –, Gewaltverbrechen und Suiziden, bis hin zu Großkatastrophen in Natur und durch Unfälle. Sein Fazit der Gefahrenanalyse ist in zweierlei Hinsicht erstaunlich: Einerseits lebten wir immer sicherer, da Gefahren systematisch eingegrenzt werden: Autos werden mit immer höheren Sicherheitsstandards ausgestattet, immer weniger Menschen fallen Krankheiten zum Opfer, weil diese heilbar werden; Lebensmittel werden immer besser untersucht, sodass zufällige Vergiftungen durch

Schimmel oder Chemie seltener werden. Wesentliche Risikofaktoren gehen also, so sein Fazit, von individuellem Verhalten aus. Auch wenn er sich davon abgrenzt, der häufigen, kurzschlüssigen Reaktion zu folgen, Erkrankte auch noch für ihr Schicksal selbst verantwortlich zu machen, so rät er doch zur präventiven Krankheitsvorsorge – deren Unterlassen dann aber wieder zur individuellen Verantwortung beiträgt, dass eine Erkrankung hätte verhindert werden können (Renn 2014, S. 133).

Mit anderen Worten: Wenn wir nur genügend Wissen hätten, vermittels dessen wir uns auf Risiken einstellen, sie vermeiden oder managen könnten, ließen sich viele vorzeitige Todesfälle verhindern. Durch bessere Beherrschung von Technik oder Umwelteinflüssen verloren zudem diese Todesursachen an Bedeutung. Im Sinne einer ‚realistischen' Einschätzung führt Renn denn auch eine Unterscheidung zwischen absurden, möglichen und sicheren Gefahren ein, die auf das Wahrnehmungsproblem von Risiken verweist: Sichere ‚Einflüsse' wie Rauchen oder Übergewicht hätten gegenüber selteneren, aber katastrophalen Ereignissen zu wenig Neuigkeitswert. In der medialen Wiedergabe der Welt kommen seltenere deshalb prominenter vor als Alltagsrisiken. Ähnlich verhält es sich mit den ‚absurden' Gefahren, die zwar denkbar, aber kaum relevant sind: Erd- oder elektromagnetische Strahlen oder vergiftete Lebensmittel stuft er so ein. Die Zahl der potenziell Betroffenen macht deren Neuigkeitswert aus, klafft aber eklatant mit der Zahl der wirklich Betroffenen auseinander. Zudem ist diese Betroffenheit kaum eindeutig auf eine Ursache zurückzuführen, sodass ein Zusammenhang oft vage ist (vgl. Japp 1996).

Mangel an Wissen ist aber nicht der einzige Grund, warum wir Risiken oft eklatant falsch einschätzen: Was Dylan Evans ‚Heuristik' (2012, S. 72) nennt, ist ein kognitiver Prozess, indem nach verschiedenen geistigen ‚Faustregeln' entschieden wird, wie wahrscheinlich etwas ist. Wenn wir uns an eine Kategorie Zwischenfall ohne Probleme erinnern beziehungsweise sie uns problemlos vorstellen können, entweder weil solches uns oder jemandem aus unserem Bekanntenkreis widerfahren ist, halten wir sie für wahrscheinlicher, eine andere für abwegig. Diese geistige Orientierung geht aber verloren, wenn wir die Häufigkeit einer Gefahr durch Medien falsch, also übertrieben wahrnehmen – zumal, wenn Zwischenfälle wie beispielsweise Flugzeugabstürze medial wiederholt und damit in der Wahrnehmung aufgebläht werden. Da es Allerweltsunfälle aufgrund ihrer Häufigkeit kaum in die Berichterstattung schaffen, ihr Neuigkeitswert also niedrig ist, seltenere Vorfälle aber außergewöhnlich sind, deshalb einen hohen Neuigkeitswert besitzen und entsprechend häufig über sie berichtet wird, nehmen wir die Wahrscheinlichkeit umgekehrt proportional wahr: Wir halten seltene Vorfälle für wahrscheinlicher und unterschätzen alltägliche Gefahren.

Außerdem führt Evans Wunschdenken und ‚confirmation bias' als weitere Störfaktoren an. Was wir uns wünschen, halten wir instinktiv für wahrscheinlicher, während mit confirmation bias eine selektive Wahrnehmung gemeint ist: Was wir bereits zu wissen glauben (also für wahr halten), wirkt wie ein Filter auf die Wahrnehmung von neuen Informationen. Wo ein solcher Auswahlfilter wirkt, werden deshalb Informationen, die unser Vorwissen nicht bestätigen oder sogar infrage stellen, als unglaubwürdig oder weniger relevant wahrgenommen und tendenziell ignoriert. In Tests konnte gezeigt werden, dass deshalb nach Gegenargumenten für eine Annahme häufig gar nicht gesucht wurde; wo von Probanden im Experiment gefordert wurde, Gegenargumente zu suchen und zu formulieren, sank die Rate der Fehleinschätzungen erheblich (Evans 2012, S. 89). Indem wir Risiken mit Vorfällen in der Vergangenheit vergleichen, unterbewerten wir die Unsicherheit, die der Gegenwart innewohnt: Im Nachhinein sehen wir, dass alles immer noch gut ausgegangen ist. In Echtzeit haben wir diese überlegene Einsicht nicht zur Verfügung, die Ungewissheit ist also umso größer, weil wir zwar ein neues Phänomen mit Erfahrenem vergleichen, aber wissen, dass es sein kann, dass wir etwas übersehen haben mögen – eine falsche Analogie, ein verstärkender Faktor, ein äußerer Einfluss, die die Riskantheit verstärken. Im Umgang mit Risiken sind also Störfaktoren zu berücksichtigen, weil der instinktive oder intuitive Umgang mit Risiken fehleranfällig ist (vgl. Bonß 1995; Pidgeon et al. 2003).

Evans' ‚Risikointelligenz', verschiedene Faktoren in ein angemessenes Verhältnis zu setzen, fassen andere Autoren als Ratschläge zum Umgang mit Risiken: Renn schlägt beispielsweise für die weltweite Ernährungssicherheit vor, Funktionen in gesellschaftlichen Systemen zu dezentralisieren. Einem Totalausfall eines Systems wird dadurch vorgebeugt, indem Funktionen in vielen autonomen Teilbereichen angesiedelt werden. Techniken und Organisationsformen zu diversifizieren soll verhindern, dass sich eine spezifische Anfälligkeit auf alle Bereiche erstreckt und so das System insgesamt lahmlegt. Wenn Infrastrukturen redundant entworfen werden, also mit Puffer und Vorrat geplant und Systembestandteile robust sind, können Störeinflüsse abgefedert werden. Systeme und Funktionen müssten so gestaltet werden, dass sie Fehler aushalten bzw. funktionsfähig bleiben, wenn Fehler auftreten (Renn 2014, S. 502–503). In immer komplexer organisierten gesellschaftlichen Abläufen – Wirtschaft, Infrastruktur, Versorgung – muss Risiken für die Funktionsgrundlagen von Gesellschaft vorgebeugt werden. Auch diesen systembezogenen Risikovorkehrungen werden abhängig von Risikowahrnehmung gestaltet.

Gardner (2008, S. 289–300) beobachtet, dass, während wesentliche Todesrisiken – wie Krankheiten, Hunger oder verdorbene Nahrung – praktisch ausgerottet wurden und die Lebenserwartung deshalb über Generationen kontinuierlich angestiegen ist, die menschliche Furcht ebenfalls wuchs. Ein Mangel an (historischer) Perspektive sei ein wesentlicher Grund für diese Entwicklung – aber nicht der hinreichende. Gardner argumentiert, dass zu einer Analyse von Risiken und ihrer (Fehl-)Wahrnehmung gehöre, Furcht und Sorge als wirtschaftlichen Faktor zu verstehen und mitzudenken. Nicht nur sind Medien an der Produktion von Risiko beteiligt – weil Nachrichten über Unglücke und grausame Abbildungen die Auflage oder Klickzahlen steigen lassen. Spezielle Wirtschaftssegmente haben sich gebildet, die davon profitieren, wenn sich die Kundschaft fürchtet. Angst und Sorge werden, so Gardner (2008, S. 295) dadurch verstärkt, dass solche Geschäftsinteressen Informationen lancieren, die, durch die Medien wiedergegeben, den Eindruck erwecken, dass nichts sicher sei (vgl. Beiträge in Pidgeon et al. 2003). Mit einer Information, dass die Zahl der Einbrüche angestiegen sei, kommen deshalb zahlreiche Hinweise, wie man sich vor Einbrüchen schützen solle – die Verkäufer von Alarmanlagen, Türschlössern und supersicheren Fenstern reiben sich die Hände. Im Zeitalter gezielter Werbung erscheint dann auf der App neben dem Bericht über die Einbruchsstatistik eine Anzeige, die für Kameras wirbt, durch die man auf dem Smartphone jederzeit die eigene Wohnung überwachen kann.

> **Risiken einschätzen**
>
> Risiken müssen zwischen individuellen und gesellschaftlichen Risiken unterschieden werden, wobei letztere auf gesellschaftliche Systeme bezogen sind; Systeme sind bei unterschiedlicher Komplexität unterschiedlich anfällig für Störungsrisiken.
>
> Das Wissen über Risiken ist dabei stets unvollständig, oft verfälscht und (manipulativ) beeinflusst. Unser Umgang mit Risikowissen ist defizitär, weil wir häufig nicht die Kompetenzen haben, die vorhandenen Informationen richtig zu verstehen. Wahrnehmungsverzerrungen, selektive Auswahl von Risikofaktoren und historische Einordnungen sind häufig einem Risiko nicht angemessen: Unser Erfahrungswissen ist meist nicht deckungsgleich mit dem technischen Wissen.

Zusammenfassend ist festzuhalten: Wir alle sind Risiken ausgesetzt, über die wir nicht alles wissen. Was wir wissen beeinflusst, wie wir auf Risiken reagieren, das heißt, wie wir uns auf das Eintreten eines Schadens vorbereiten oder wie wir versuchen, es zu vermeiden. Jedes soziale Handeln birgt das Potenzial, neue Risiken hervorzubringen.

Zudem ist unser Wissen anfällig: Es ist anfällig für Fehleinschätzungen, *confirmation bias* oder Manipulation durch andere, die eine Reaktion hervorrufen wollen. Zudem sind wir selbst nicht durchgehend kompetent, alle Risikoinformationen zu verstehen und zu verarbeiten. Während die Lebensrisiken abgenommen haben, wuchs durch mediale Repräsentation der Wirklichkeit und durch wirtschaftliche Interessen, die die Risikokommunikation prägen, die Furcht vor Risiken. Wie sich der Umgang mit Risiken international auswirkt, zeigen Ulrich Becks Überlegungen zur Weltrisikogesellschaft, die im Folgenden dargestellt werden.

2.2 Leben in der Weltrisikogesellschaft

Ulrich Beck beschreibt, was es bedeutet, in einer Zeit zu leben, in der Risiken einerseits globalisiert sind und andererseits von immer weniger umfassend zuständigen Institutionen bearbeitet werden. In „Risikogesellschaft" (1986), das viel Aufmerksamkeit erregte und zum Bestseller wurde, beschreibt er, wie als Effekte der Moderne Risiken entstehen, die kaum mehr kontrollierbar sind. Dass das Buch ein Bestseller wurde, liegt u. a. auch daran, dass die Katastrophe von Tschernobyl mit seinem Erscheinen koinzidierte. Aber es stellte auch eine Zeitdiagnose dar, die von wachsendem Unbehagen an den Errungenschaften der Moderne untermauert wurde, das von Umweltverschmutzung (Waldsterben, kontaminierte Flüsse, ‚Saurer Regen' etc.)

und Zukunftsängsten ausging. Tschernobyl, ein Kernkraftwerk in der heutigen Ukraine, explodierte, als ein Kühlkreislauf ausfiel; eine Kernschmelze konnte gerade noch verhindert werden. Bei der Explosion wurde radioaktiver Staub in die Atmosphäre geschleudert und dann mit den Wettersystemen über ganz Europa verteilt. Insbesondere die Jod- und Cäsiumisotope wurden dabei berühmt, weil das Jod-131 als Alphastrahler besonders gefährlich, aber mit einer kurzen Halbwertszeit, Cäsium-137 als Gammastrahler zwar weniger gefährlich, aber dafür mit einer Halbwertszeit von 30 Jahren ein langfristiges Problem ist. In den unmittelbar betroffenen Bereichen der Sowjetunion hätten viele Leben gerettet werden können, wenn Jodtabletten verteilt worden wären, die die Jodspeicher in der Schilddrüse mit nichtradioaktivem Jod gefüllt hätten – sodass das radioaktive Isotop nicht aufgenommen worden wäre. Der Mangel an Information und lückenhafte Krisenvorbereitung verhinderten dies. Auch wenn die Informationspolitik der Sowjetunion dürftig war – zuerst wurde geleugnet, dass überhaupt etwas passiert war, dann beschönigt und verharmlost – so zeigte die Katastrophe und die staatliche Reaktion auf die Strahlung, die in Westeuropa ankam, dennoch, dass auch im Westen nicht recht klar war, wie man mit einer solchen Situation umgehen sollte.

Der Strahlenunfall von Tschernobyl illustriert die Risiken, die die Moderne produziert und reproduziert: Zunächst ist die Kernkraft eine Technologie, die vergleichsweise neu ist; nach der ersten Atombombenexplosion, zunächst im Test in der Wüste von New Mexico am 16. Juli 1945, und den beiden Atombomben auf

Hiroshima und Nagasaki wusste man, dass nukleare Energie technisch so eingehegt werden musste, dass die physikalische Kettenreaktion, die die Energie freisetzt, nicht eskaliert. Die Eskalation ist der Funktionsmechanismus der Atombombe, die Kettenreaktion zu dosieren die Herausforderung der Kernkraft zur Energiegewinnung. Die 1950er Jahre waren von einem generellen Fortschritts- und Machbarkeitsglauben geprägt. Obendrein verspürten die industrialisierten Länder einen wachsenden Energiehunger – die Menschen begannen nämlich, Konsumgüter zu kaufen, wie Elektroherde, Kühlschränke und dergleichen, die in jener Zeit zu Massengütern wurden. Entsprechend stieg der Energieverbrauch pro Kopf massiv an. Die Atomkraftwerke, in fast allen Staaten in dieser Zeit beschlossen, geplant und gebaut, sollten dieses Energieproblem lösen helfen (vgl. Nolte 2006).

Was dabei nicht bedacht wurde, war einerseits, dass die Risikoabschätzung schwer möglich war, weil Erfahrungen fehlten. Zwar wurden Szenarien wie der GAU (Größter Anzunehmender Unfall) entworfen, aber gleichzeitig mit extrem geringen Wahrscheinlichkeiten versehen: Das sogenannte Restrisiko setzt sich nämlich aus den gewonnenen Erfahrungen mit den Systemen, bauartbedingten potenziellen Fehlern etc. und einer Unbekannten zusammen, die aus noch nicht gemachten Erfahrungen bzw. unvorhersehbaren Ereignissen resultiert. Der Anteil der Unbekannten sinkt also im Lauf der Zeit, wobei ein Risiko nie komplett auszuschalten ist. Mit Verweis auf die scheinbar bestehenden und höher als berechnet einzuschätzenden Restrisiken der Atomnutzung wurde in Deutschland nach dem Unfall in Japan 2011 der Ausstieg aus der

Kernenergie begründet. In dem Zusammenhang ist allerdings zu beachten, dass der Begriff Restrisiko zumindest irreführend ist, denn Sicherheitsvorkehrungen in Japan waren vorhanden, aber nicht für das Ausmaß der Tsunamiwelle ausgelegt, die dann eintrat.

Risiko ist nicht wertfrei: ein wesentlicher Faktor für die Reaktion nach 2011 dürfte gewesen sein, dass man vorher immer auf die unterlegene Technik in der Sowjetunion verweisen konnte (Grafitreaktor, der als unsicherer gilt als die im Westen verbreiteten Leichtwasserreaktoren, und menschliches Versagen), Japan aber als technologisch gleichrangiges Land gesehen wurde. Erst im Lauf der Ermittlungen wurde deutlich, dass dort ebenfalls Sicherheitseinschätzungen unterlaufen und Anlagenkontrollen abgesprochen worden waren, weil wechselseitige Kontrollen aus Politik und Wirtschaft unterblieben. Da die Eliten aus Politik und (Atom-)Wirtschaft eng verflochten waren, könnte man von institutionellem Versagen in der Risikoeinschätzung sprechen. Allerdings bestand in Japan eine grundlegende Zustimmung zur Kernkraft (anders in Deutschland), weshalb sich keine durchschlagende politische Bewegung bildete, die mehr Kontrollen hätte durchsetzen können, geschweige denn einen Ausstieg.

Risikokalkulation speist sich aus vergangenen Erfahrungen, und so können nur sich wiederholende Risiken erkannt werden, nicht aber das komplett Neue, Andersartige. Hinzu kommt, dass – wie im Fall der Atomkraftnutzung – neue Problemstellungen entstehen: Wie geht man mit den Risiken um, die von der Wiederaufarbeitung, Transport und Lagerung, insbesondere der Endlagerung ausgehen. Wenn Gesellschaften nuklearen Abfall produzieren, der einige tausend Jahre strahlt und obendrein extrem giftig ist, wie können sie sicherstellen, dass der Umgang mit diesen Risiken rational und durchgängig gewährleistet ist: Wird die Leistungsfähigkeit gesellschaftlicher Institutionen in hundert, dreihundert oder neunhundert Jahren ausreichen, um die notwendigen Maßnahmen dauerhaft zu erbringen, die Strahlung einzudämmen und eine Verstrahlung von Trinkwasser und Atemluft zu verhindern? Wird der Wohlstand so hoch sein, dass die Ressourcen vorhanden sind, den Müll zu sichern, zu kühlen, ggf. Behälter zu reparieren und dergleichen? Werden die dann Lebenden überhaupt wissen, womit sie es zu tun haben?

Ulrich Beck illustriert an diesem Beispiel wie an anderen, dass die Errungenschaften der Moderne, insbesondere technische Neuerungen, Risiken mit sich bringen, deren Reichweite und Ausmaß nicht absehbar waren, als die Technologie eingeführt wurde. Was Beck ‚reflexive Modernisierung' oder ‚Zweite Moderne' nennt, ist ein Kreislauf von technischem Fortschritt, damit verbundenen Risiken und technischer Antworten auf die technischen Risiken (Beck 1986, S. 254–263). Technik produziert zwar einerseits Risiken, aber Technik kann auch helfen, Risiken zu bearbeiten und zu beherrschen. Allerdings gehen von dieser Technik wiederum Risiken aus, die wiederum bearbeitet werden müssen – ein nicht endender Kreislauf.

Zur Weltrisikogesellschaft wird die Risikogesellschaft, wenn Risiken nicht mehr national begrenzt sind. Beck hat diese These später ausgearbeitet, wenngleich sie im

Gedanken der Risikogesellschaft schon angelegt ist. In der Weltrisikogesellschaft überschreiten Risiken Grenzen, betreffen potenziell die ganze Weltbevölkerung. Dies trifft insbesondere für Risiken zu, wie sie vom Klimawandel ausgehen, wobei der Nutzen der Technologie, die zum Klimawandel geführt hat, in den reichen Staaten des Nordens am größten war, während von den Risiken alle betroffen sind – erschwerend aber kommt hinzu, dass die ärmeren und zum Teil schwachen Staaten in der Risikovorsorge geringere Spielräume besitzen als jene im globalen Norden (Beck 2007, S. 126–128). Beck ist hier nicht zuzustimmen, dass Risiken egalitär wären und alle gleichermaßen betreffen, denn es ist ein Unterschied, ob man in einem Industriestaat lebt, in dem Vorsorge finanziell und organisatorisch geleistet wird, oder in einem Staat, in dem Risiken nicht kollektiv begegnet wird.

Umweltrisiken und wirtschaftlichen Risiken rühren von Techniken und einem modernen Wirtschafts- und Lebensstil her, dessen Folgen sich unbeabsichtigt katastrophal zuspitzen können. Gewissermaßen sind sie systemische Risiken, die von intendierten Risiken unterschieden werden müssen, wie beispielsweise Terrorismus sie darstellt. Durch einen innovativen Plot können Terroristen nämlich genau die Planbarkeit und Risikokalkulation unterlaufen, durch die Staaten und ihre Sicherheitsapparate in der Regel versuchen, solche Taten zu verhindern (Beck 2007, S. 253). Dass US-Sicherheitsdienste in den letzten Jahren dazu übergegangen sind, Hollywoods Drehbuchschreiber und Ideenentwickler in ihre Kontingenzplanungen einzubeziehen verwundert nicht, um auch abseitige, bisher nie dagewesene Szenarien mitzubedenken. Das aber heißt, das sich Wiederholende gegenüber dem Einzigartigen einer einzigen Inzidenz (Zwischenfall) herabzustufen. Im Übrigen baut auch in Deutschland das Auswärtige Amt die Arbeit mit Szenarien aus. Beck argumentiert demgegenüber, dass der einzelne terroristische Anschlag nicht bedacht werden kann – die Spirale der Vorsorge dreht sich weiter, während im Prozess, vorauszudenken und entsprechende Verhinderungsmaßnahmen zu treffen, Bürgerrechte und Freiheiten aufgegeben werden. In der Leugnung, dass von Risikopräventionsmaßnahmen selbst Risiken ausgehen, wird der Kreislauf sogar beschleunigt (vgl. Amoore 2013).

Beck (2006, 2007) arbeitet heraus, wie in sich widersprüchlich, ja ironisch, der Zustand im 21. Jahrhundert ist: Während die politischen Räume in Form der modernen Nationalstaaten voneinander getrennt sind, zwingen die globalen Risiken die Menschen zusammen. Das Lokale und das Globale lassen sich nicht mehr voneinander unterscheiden. Reaktionsmöglichkeiten sind laut Beck (2007, S. 97) Verleugnung, Apathie oder Transformation. Die Verweigerung sei der Modus der Moderne, wobei der Kreislauf der Risikoproduktion fortgesetzt und beschleunigt wird: Indem Gesellschaften und politische Entscheidungsträger sich der Erkenntnis der Riskantheit ihres Tuns verweigern, produzieren sie fortgesetzt neue Risiken, die dann wieder bearbeitet werden müssen. Die Apathie beschreibt Beck als Nihilismus, dem nichts wert genug ist, sich dafür zu engagieren. Die dritte Variante, für die er recht ausdrücklich plädiert, ist das kosmopolitische Moment.

In der Erkenntnis von Risiken, die alle betreffen, liegt eine fundamentale Frage an alles Existierende. Althergebrachtes Wissen wird infrage gestellt, Gewissheiten zerbrechen, wenn fundamentale Risiken für nicht nur einzelne Menschen, sondern ganze Gemeinwesen, ja vielleicht die Menschheit als ganze bestehen. Beck sieht darin eine Möglichkeit, einen neuen Anfang zu wagen, andere Arten zu entwickeln, auf der Welt miteinander umzugehen. Sein Ansatz versucht, eine Sichtweise zu entwickeln, die das Potenzial zur Selbstzerstörung, das menschlichem Handeln innewohnt, in eine Balance bringt mit der Möglichkeit, alte Lebensweisen zu überwinden und neue zu entwickeln. Wichtig ist hier für Beck, dass Risiken nicht mit Katastrophen gleichzusetzen sind[1]: Sie sind *potenzielle* Katastrophen. In dem Moment, da sich das Risiko verwirklicht, verliert es seinen Risikocharakter, es wird zur Katastrophe. Das bedeutet aber, dass das Wesen von Risiken ist, dass sie in der Antizipation, in der Vorstellungswelt, im Potenzialis bleiben. Die Vorsorge – sei es zur Kompensation oder zur Prävention – stellt ihr wesentliches Merkmal dar.

> Reaktionsmöglichkeiten auf Risiken: Verweigerung, Apathie, und Transformation (vgl. Beck 2007, S. 97–107).
> Verweigerung = Modus der Moderne.
> Apathie = Nihilismus ohne Wertorientierung.
> Transformation = kosmopolitisches Moment, Alternativen können entwickelt werden.

Die Risiken sind also schon verflogen, wenn die Katastrophe einsetzt. Das aber heißt, dass Risiken von unserer Vorstellungswelt abhängen, von symbolischen Formen, von Visuellem. Die Fantasie von Hollywoods Drehbuchautoren

---

[1]Vgl. Kap. 3 zu Foucault-inspirierten Ansätzen.

zu nutzen, liegt nahe, denn die hatten New York fiktional schon zigfach in Flammen aufgehen lassen, ehe Terroristen das WTC angriffen. Kulturell vermischt sich also im Risiko das Fiktionale mit dem Faktischen, das Imaginierte mit dem Realen. Die Technologie des Risikos (vgl. Kap. 3) beruht auf der Kombination von bekannten Faktoren; Beck argumentiert deshalb, dass Statistiken und Stochastik (als harte Fakten) nach fiktionalen Kriterien kombiniert werden. Argumente wie von Renn (2014) oder Gardner (2008), dass die Welt heute sicherer sei denn je, sind für Beck also hinfällig, denn in dem Ausmaß, in dem sich die Vorstellungswelt Risiken zuwendet, wächst auch der Bedarf, diesen zu begegnen.

‚Wo aber Gefahr ist, wächst das Rettende auch' – so Hölderlin in ‚Patmos'. Auf diese Überlegungen angewendet heißt das, dass die Antizipation der Gefahr das Risiko ausmacht, und dass die sich daraus entwickelnde Politik das Rettende erst möglich macht.[2] Ohne einen antizipativen Umgang mit Risiken wäre es nicht möglich, vorzusorgen, zu versichern, das Risiko produktiv zu machen. Beck aber reiht die Vorsorge, die das Risiko erst produziert, in den Kreislauf von Risiko, seiner technologischen Bearbeitung und neuem Risiko ausgehend von Technologie ein. Er macht sie so zum strukturellen Charakteristikum der Moderne. Auch ein rationaler und wissenschaftlicher Umgang mit Risiko

---

[2]Hölderlins Gedicht richtet sich auf die Gotteserkenntnis; seine Frage, wie sich göttliche Wahrheit erkennen ließe, steckt in der bangen Antizipation der Risiken in der reflexiven Moderne, die sie selbst erschafft und mithin auch für ihre eigene Erlösung zuständig ist.

hängt von politischen Entscheidungen, Wertvorstellungen und ethischen Abwägungen ab, deshalb kann Risikopolitik nicht wertfrei gedacht werden.

Für Christopher Daase (2002) ist deshalb internationale Risikopolitik immer dort relevant, wo Ungewissheit erfordert, Entscheidungen auf der Basis unvollständiger Informationen zu treffen. Normative Erwägungen sind darin zwangsläufig enthalten. Risiken unterscheiden sich international von Bedrohungen dadurch, dass letzteren ein Bedrohungsdreieck zugeordnet werden kann: Ein Akteur existiert, von dem Bedrohungen ausgehen, dieser Akteur muss über erkennbare, klare Intentionen sowie das entsprechende Potenzial verfügen, also die Möglichkeit besitzen, im Sinne der Bedrohung ‚gefährliche' Handlungen vorzunehmen (Abb. 2.1).

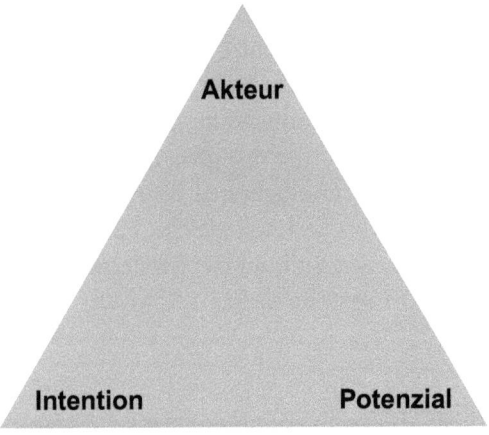

Abb. 2.1 Bedrohungsdreieck nach Daase (2002, S. 15)

Dort, wo wenigstens eine der Ecken dieses Dreiecks nicht vorhanden oder unklar ist, handelt es sich nicht um Bedrohungen, sondern um Risiken. Daases Risikobegriff ähnelt dem von Beck, wenn er die Reaktion auf anteilige Ungewissheit als *proaktive Risikopolitik* beschreibt, die ‚in Antizipation zukünftiger Probleme, Bedürfnisse und Veränderungen Entscheidungen' (2002, S. 18) trifft. Proaktive Risikopolitik kann dabei auf Ursachen bezogen sein (vorbeugende Risikopolitik) oder auf Wirkungen (vorsorgende Risikopolitik). Zu den Instrumenten proaktiver Risikopolitik gehören Vernetzung und Information, um die Unsicherheiten zwischen Staaten abzumildern, also beispielsweise Fora wie die OSZE, die ein Krisenpräventionsbüro unterhält, oder Konsultationsmechanismen wie der NATO-Russland-Rat.[3] Solche Gremien bedürfen einer gewissen Robustheit, denn gerade in Krisen werden sie benötigt und müssen funktionieren.

Eine risikopolitische Intervention liegt dann vor, wenn durch Zwangsmaßnahmen ein Schaden abgewendet bzw. die Wahrscheinlichkeit seines Eintritts verringert werden soll – anders als in den oben erläuterten Organisationen geschieht dies nicht kooperativ, sondern gegebenenfalls konfrontativ. Hier ist eine Abwägung von kurzfristigem Nutzen und langfristigen Kosten, etwa bei Regimewechsel

---

[3]Paradoxerweise wurde der NATO-Russland-Rat wegen der Georgienkrise 2008 und zuletzt zwischen April 2014 und 2016 wegen der Annexion der Krim und der Ukrainekrise ausgesetzt. Politische Arrangements wie der NATO-Russland-Rat stehen vor dem Dilemma, dass erhöhte sicherheitspolitische Risiken aus Spannungen resultieren können, die durch Kommunikations- und Wissensdefizite entschärft werden könnten, gleichzeitig aber Druck entsteht, nicht ‚wie bisher' zu kommunizieren (vgl. NATO 2016).

und Regimestabilisierung, zu bedenken. Denn unintendierte Nebenfolgen, vergleichbar der reflexiven Risikoproduktion, führen mitunter dazu, dass internationale Interventionen kaum erreichen können, was sie anstreben (Bliesemann de Guevara und Kühn 2010, S. 181–198).

Risikopolitische Kompensation liegt nach Daase vor, wenn kooperativ die Höhe eines Schadens verringert werden soll. Das könnten zum Beispiel Versicherungen tun, aber vor allem Staaten in individueller oder kollektiver Vorsorge. Dazu gehören Vorräte an Medikamenten gegen Seuchen, Puffer in der Energie-, insbesondere Ölversorgung, dazu gehören aber auch wechselseitige Sicherheitsgarantien: Betroffene (in dem Fall Staaten) diversifizieren Risiken, indem sie sie auf mehrere Schultern verteilen. Dieses System ähnelt Versicherungen auf Gegenseitigkeit. Das Problem ist hier die Bemessung von Prämien und welche Maßnahmen für die Absicherung taugen – sowie der Folgeprobleme, die sich als unintendierte Folgen zeigen. So kann das Wirtschaftswachstum zurückgehen, wenn für Vorsorgemaßnahmen Kapital aus dem Wirtschaftskreislauf abgezogen wird. Risikopolitische Präparation, also Vorbereitung auf den Katastrophenfall, ist schließlich nach Daase die letzte Form der Risikopolitik. Hierbei wird Infrastruktur ‚gehärtet', um sicherzustellen, dass ein Staat auch nach einer Katastrophe oder einem Angriff noch funktionsfähig und steuerbar ist.

Daase beschreibt als Paradoxie (Beck nennt das Ironie) der Risikopolitik, dass Vorbeugung und Vorsorge den Umgang mit Risiken beeinflussen und umgekehrt: dazu gehört, dass Risiken nicht richtig eingeschätzt werden, also zu hoch oder zu niedrig angesetzt werden. Risiken entstehen demnach aus dem Umgang mit Risiken – wie in Becks Idee. Für Daase entspringen Risiken nicht den Technologien, sondern werden von Menschen verursacht, die sich ihrer bedienen. Auch hier wirkt die Ungewissheit: Da die Effekte von ergriffenen Maßnahmen nicht vollständig absehbar sind (Folgen und Nebenfolgen), ist das wahre Risiko einer Handlung nicht mehr abzuschätzen, je komplexer Systeme sind und je weniger offenbar ihre Zusammenhänge sind (vgl. Japp 1996).

Da Risiken nie wirklich gleich verteilt sind, stellt sich das Problem wie diese Zuschreibung von Risiken und ihren Kosten analysiert werden soll. Beck scheint hier nicht ganz sicher zu sein. Einerseits sind in seinem Konzept der Weltrisikogesellschaft die Menschen in ihrer potenziellen Betroffenheit von Risiken gleich. Andererseits legt er dar, dass Machtdifferenziale von politischen und wirtschaftlichen Akteuren den Ausschlag geben, wer für andere definieren kann, wie diese vom Risiko betroffen sind:

„The inequalities of definition enable powerful actors to maximize risks for ‚others' and minimize risks for ‚themselves'. Risk definition, essentially, is a power game. This is especially true for world risk society where Western governments or powerful economic actors define risks for others" (Beck 2006, S. 333, vgl. auch Beck 2007, S. 64–73).

Die Frage der Verantwortlichkeit stellt sich: Wenn Risiken aus menschlichen Handlungen entstehen, wer ist dann für die Folgen verantwortlich? Umgekehrt: Wenn menschliche Handlungen, insbesondere politische Entscheidungen, die Kollektive betreffen und für sie bindend sind, ungeahnte Konsequenzen in Form von neuen Risiken haben können, welche Entscheidungen sind dann überhaupt verantwort*bar*?

Die Weltrisikogesellschaft kennzeichnen folgende Aspekte (Beck 2007, S. 103–104, auch 2006, S. 333–335):

1. De-lokalisierung: ‚Ursachen und Wirkungen eines Risikos sind nicht auf einen geografischen Ort oder Raum begrenzt' (Beck 2007, S. 103), sondern im Grundsatz überall präsent.
   Drei Varianten der De-lokalisierung können unterschieden werden:
   a) räumlich: die neuen Risiken (wie beispielsweise Klimawandel, Krankheiten) halten sich nicht an nationalstaatliche Grenzen und politische Regelungsräume;
   b) zeitlich: die neuen Risiken haben einen ‚langen Atem' (z. B. Atommüll), ihre Auswirkungen und Effekte sind nicht verlässlich zu bestimmen oder zeitlich einzugrenzen;
   c) sozial: die Komplexität der betroffenen Phänomene und Kaskaden von Effekten und Nebeneffekten erschweren oder verhindern die Zuordnung von Ursachen und Wirkungen, verlässliche Gegenmaßnahmen sind deshalb nicht möglich (z. B. Finanzkrise).
2. Unkalkulierbarkeit: die Konsequenzen der Risiken können nicht kalkuliert werden; ihnen liegen ‚hypothetische' Risiken zugrunde, die auf wissenschaftlich begründbarem Nichtwissen beruhen und ‚normativem Dissens' unterliegen.

3. Nicht-Kompensierbarkeit: in der ‚ersten' Moderne sei der Sicherheitstraum die wissenschaftlich begründete wachsende Kontrolle von Folgen von politischen und technologischen Entscheidungen; zwar können Unfälle passieren, aber sie können kompensiert werden. Nicht so in der Risikogesellschaft der zweiten Moderne: Wenn sich das Klima unumkehrbar geändert hat, wenn humangenetische Manipulationen unveränderlich im Genom weitergegeben werden, wenn terroristische Gruppen Massenvernichtungswaffen besitzen, wird Kompensation illusorisch.

Diese neue Qualität des Risikos ist nach Beck eine Bedrohung für die Menschheit[4], weshalb, wie er mit Bezug auf Francois Ewald (vgl. dazu Abschn. 3.3) feststellt, die Logik der Kompensation zusammenbricht und durch das Vorbeugungsprinzip der Prävention ersetzt wird. Dann nämlich bekommt Prävention den Vorzug vor Kompensation, und auch die Antizipation und Verhinderung überhaupt des Eintretens von Risiken, von deren Existenz wir nichts verlässlich wissen, werde zum Imperativ (Beck 2007, S. 104). Mit anderen Worten: Wenn ein Schaden nicht mehr ‚entschädigt' werden kann, muss das Eintreten des Schadens verhindert werden. Das aber verändert das Wesen der politischen Maßnahmen und ermöglicht strikte Regulation des Lebens, was potenziell die Freiheit gefährdet (Amoore 2013, S. 61–66).

---

[4]Während Daase eine Bedrohung aus den vollständigen Faktoren des Bedrohungsdreiecks erkennen will, erweist sich Beck als begrifflich weniger rigoros. Er mischt hier Bedrohungen und Risiken, wobei nicht klar ist, ob er Daases Kriterien für anwendbar hält.

Risiken sind nicht nur ein Vorsorge-Problem, etwa indem Kapital angespart wird, um Schäden zu kompensieren, für die modernen Gesellschaften, sondern auch für die Art, wie sie grundsätzlich operieren. Denn die Gesellschaften versuchen durch rationale Kalküle, den Risiken beizukommen. Wenn aber die Rationalität nicht mehr belastbar ist, weil die Grundlagen der Kalkulation verschwinden, die Kalkulationsbasis des Risikos also nicht gewusst werden kann, dann werden partikulare Risikoeinschätzungen entscheidend. Terrorismus wäre ein Beispiel (vgl. Kap. 10). Beck beobachtet, dass sich im Risikodiskurs Rationalität und Hysterie verwischen. Wissenschaft und andere Institutionen, die rationales Wissen erzeugen sollen, werden immer misstrauischer beobachtet, weil ihre Expertisen selbst als risikobehaftet (nicht als falsch, aber auch nicht als Lösungsbeitrag) gelten.

Der Zusammenstoß der Risikokulturen (begrifflich nicht zufällig entlehnt bei Huntington) zeigt sich laut Beck

- in einer Frage von Leben und Tod, nicht einfach von Individuen oder einzelnen Staaten, sondern potenziell von ganzen Gemeinwesen,
- in Entscheidungen, die diese Entwicklung herbeiführen, die innerhalb eines zeitlichen und epistemischen Horizonts des Nichtwissens getroffen werden, ohne dass die Verantwortung für diese Folgen wahrgenommen oder gesehen würde,
- im Verschwinden der experimentellen Logik von Versuch und Irrtum. Wenn die potenziellen Folgen katastrophal sind, sei nicht zu entscheiden, ob etwa eine

kleine Menge genetisch manipulierter Nahrung in Umlauf zu bringen möglich sei, oder nur eine kleine Menge Nuklearenergie, oder nur ein bisschen therapeutisches Klonen? Wo liegt die Grenze, wer darf sie ziehen?

Unterschiedliche Risikokulturen bedingen, wie viel Risikotoleranz angesichts der Mitbetroffenheit anderer besteht. Anders formuliert: wie bindend und irreversibel kann Regulierung sein, wenn wir die kulturellen Unterschiede in der Risikoperzeption und Unwissenheit einbeziehen? Besonders wenn die Konsequenzen eine fundamentale Veränderung dessen bedeuten, was es heißt Mensch zu sein? Zwei unterschiedliche Risikophilosophien treten hier in Konkurrenz: einerseits das laissez faire, das davon ausgeht, dass etwas sicher ist, solange nicht bewiesen ist, dass es unsicher ist; andererseits die Philosophie der Vorsorge, die davon ausgeht, dass nichts sicher ist, solange nicht bewiesen ist, dass es harmlos ist. Diese Kulturen zeigen sich beispielsweise im Rechtssystem der USA und in Europa, wobei die USA, etwa bei Zulassung von Arzneimitteln oder chemischen Wirkstoffen sich eher an laissez faire, Europäer dagegen eher am Vorsorgeprinzip orientieren.

Ulrich Beck sieht im Risiko die Möglichkeit einer Katharsis, also eines Moments, in dem sich die Augen öffnen und erkannt wird, dass alle in ihrer Betroffenheit vom Risiko gleich sind und dass Risiken nur kooperativ bearbeitet werden können. Ein solcher Weckruf erzwingt ein kosmopolitisches Moment, also eine Basisloyalität mit allen, die sich in der gleichen Situation befinden.

Allerdings scheint der Optimismus, den Beck hier durchscheinen lässt, keineswegs zwingend: Denn es ist nicht sicher, dass nicht Konfrontation und Misstrauen herrschen und politische Akteure sich in einem Nullsummenspiel den größten Anteil eines schrumpfenden Kuchens sichern wollen. Immerhin beschreibt ja Beck selbst, dass die Zuschreibung von Riskantheit – zu Phänomenen, aber auch zu Bevölkerungsgruppen (vgl. Kap. 6) – Ausdruck von Macht ist. Vielleicht spricht Beck die letzte Konsequenz nicht aus, in deren Logik es läge, dass entscheidende Machthierarchien den Ausschlag geben, wer von Risiken betroffen sein wird und wer für diese besser vorbereitet ist. Letztlich sind für Beck die außergewöhnlichen, potenziell katastrophalen Risiken wichtig – Alltagsrisiken spielen dagegen eine untergeordnete Rolle.

> Was kennzeichnet die Weltrisikogesellschaft?
> Inwiefern verändern ‚neue' Risiken die althergebrachten politischen Beziehungen und ihre Strukturen?
> Was meint Ulrich Beck mit ‚reflexiver Modernisierung'?
> Welche Möglichkeiten bestehen laut Beck im Umgang mit Risiken – was bedeuten sie?
> Wie verhält sich die potenzielle Universalität von Risiken mit den Machtbeziehungen, nach denen Risiken zugeschrieben werden? Welche Rolle spielt die ‚wissenschaftliche Unwissenheit'?
> Räumlich, zeitlich, sozial entgrenzte Risiken: Welche Beispiele sind denkbar?

3
Risiko als Sozialtechnologie

Die Literatur, die bisher auswahlweise vorgestellt wurde, setzt sich mit Fragen des konkreten Umgangs mit Risiken auseinander. Überlegungen zur ‚Risikointelligenz' zielen darauf ab, wie mit Risiken umgegangen werden kann. Sie geben mehr oder weniger konkrete Hinweise, wie sich Individuen oder Gruppen gegenüber Risiken verhalten sollten und welche ‚Fehler' – Überschätzen, Unterschätzen – häufig auftreten. Ulrich Becks Ansatz problematisiert die Frage, wie sich komplexe Gesellschaften, deren soziale und wirtschaftliche Systeme anfällig für katastrophische Risikostörungen sind, auf deren Eintreten einstellen können. Die Entscheidung setzt voraus, dass die soziale Realität eines bestehenden Risikos im Kern akzeptiert, also nicht hinterfragt wird, wie diese Risiken zustande kommen, was einen Sachverhalt überhaupt erst ‚riskant' macht. Im folgenden Kapitel werden Überlegungen Michel Foucaults dargelegt, die sich nicht direkt auf Risiken beziehen, aber einen sinnvollen Rahmen bieten, Risiken einzuordnen und herrschaftskritisch zu analysieren. Er zeigt, wie die Erfassung der Bevölkerung durch den Staat im Prozess von Staatsbildungen die Mittel und Möglichkeiten entwickelt und bereitstellt, mit denen heute Risiken kalkuliert werden.

3.1 Menschen steuern

Foucault setzt sich mit der Geschichte der ‚Gouvernementalität' auseinander (2004, S. 134–172). Er gilt als wesentlicher Vertreter des Poststrukturalismus, dessen herrschaftssoziologische Überlegungen viele produktive Forschungen beeinflusste. Die Strömung des Poststrukturalismus entstand ursprünglich aus sprachwissenschaftlicher Perspektive und verweist auf die Macht der Sprache, vermittels Begriffen und Kategorien, Wirklichkeit nicht nur abzubilden, sondern vielmehr zu ‚produzieren'. Sprache als Repräsentation von Wirklichkeit kann demnach nicht einfach auf ihre Repräsentationsfunktion reduziert werden, sondern kann die Macht offenlegen, die ihren Nutzern eigen ist. Dass diese Überlegungen nach den terroristischen Anschlägen 2001 vielfach in den Mittelpunkt der Zeitdiagnosen gerieten verwundert nicht, ist doch die Zuschreibung, jemand sei ein ‚Terrorist' eine massive politische Diskreditierung, die häufig genutzt wird (vgl. Kap. 7).

Damit ist aber der Poststrukturalismus bei weitem nicht in seinen vielfältigen, nicht nur sprach-, sondern auch kultur-, gesellschafts-, rechts- wie wirtschaftswissenschaftlichen

Aspekten beschrieben. Mit grobem Pinsel gemalt ergibt sich eine Beschreibung poststrukturalistischer Ansätze, die Fragen von Macht und Wissen ihre Funktionsweisen und wechselseitige Konstitution thematisieren und wie ihr Wandel in der Gesellschaft verankert ist. Sie fragen, was Macht und Wissen determiniert und welche Formen von Wissen spezifischen Machtkonstellationen entspringen. So können nicht nur die Praxis von Herrschaft thematisiert, sondern auch die Grundannahmen, auf denen sie aufbaut, grundlegend hinterfragt werden. International bleiben poststrukturalistische Ideen allerdings fast ausschließlich auf die spezifische Geschichte westlicher Staatlichkeit bezogen, die ihre Wurzeln in europäischen Prozessen der Gewaltmonopolisierung und einen ‚starken', eng mit der Gesellschaft verflochtenen Staat zum Resultat hat. Nichtwestliche Formen der Vergesellschaftung sind dagegen in poststrukturalistischen Überlegungen kaum berücksichtigt oder sind nicht immer passgenau mit seinen analytischen Instrumenten zu analysieren.

Herrschaft wird zwischen verschiedenen Einflusssphären in Staat und Gesellschaft ausgehandelt. Politik ist in Foucaults Verständnis diskursiv vermittelt, wobei nicht nur geschriebene oder gesprochene Diskurse zählen: er nutzt einen breiten Diskursbegriff, der sich auf verschiedenen Verständnisebenen abspielen kann. Im Prinzip schließen Diskurse alle Kommunikationsmöglichkeiten ein, alle Vermittlungsmöglichkeiten von Sinn also. Diese sind eingebettet beziehungsweise hängen von bestehenden Regeln und Rahmungen ab, die von jenen, die am Diskurs beteiligt sind, geteilt werden. Geteilt heißt hier nicht, dass diesen Regeln alle normativ zustimmen – auch die Gegner einer Herrschaftsordnung sind am Diskurs beteiligt. Relevant ist für die Frage des Risikos in seiner gesellschaftlichen Wirkung aber, inwiefern die Praxis von Herrschaft ein bestimmtes Grundverständnis etabliert. Wie Herrschaft sich etablieren und im Verlauf legitimieren kann steht im Zentrum.

Grundlage von Foucaults Ansatz gegenüber dem Risiko ist die Gouvernementalität, wobei er eigentlich nicht über das Risiko selbst schreibt. Die Frage der Gouvernementalität erlaubt aber, sich Risiken als Herrschaftstechnologie anzunähern. Was also macht Foucault?

Historisch beschreibt er einen Wandel, den er an Machiavellischen Schriften, insbesondere dem ‚Fürsten' festmacht (Machiavelli 1925 [1532]). Dabei war die politische Literatur als ‚Fürstenspiegel' zunächst an die politisch Agierenden gerichtet. Beginnend mit dem 16. Jahrhundert wandelt sich dann aber die Vorstellung, wie politische Macht ausgeübt wird: Dem sozialen Wandel folgend wird Macht nicht mehr im absolutistisch herrschenden Einzelnen (dem ‚König') verortet, von dessen Tugend und Weisheit das Wohl des Gemeinwesens, des Staates, abhängt. Vielmehr wurde die ‚Regierung', also die *Tätigkeit* der Steuerung der Gesellschaft zum Thema. Damit rückt die Praxis ins Zentrum, nicht der moralische Zustand der und die moralischen Anforderungen an die Person. Stattdessen sollen sich die Herrschenden an der Aufgabe orientieren, zuvorderst dem Überleben des Staates als organisatorischer Einheit zu dienen. Ein Herrscher, historisch fast ausschließlich Männer, muss sich also nicht moralisch hervortun, sondern er muss das seiner Aufgabe angemessene, das Notwendige tun – in diesem Sinn soll und darf er nicht seinen Impulsen folgen, sondern muss sich einer Staatsdisziplin unterwerfen.

Die Steuerung des Selbst ist nicht neu: Foucault weist darauf hin, dass es die pastorale Aufgabe des Klerus war, auf die Selbststeuerung der Menschen Einfluss auszuüben, verstanden als ihr Seelenheil (Foucault 2004, S. 135). Statt Gedanken zu hegen, die eine Person in die Hölle bringen können, soll sie durch Seelsorge dazu erzogen und ermuntert werden, sich so zu disziplinieren, dass Sünden in Gedanken und Taten unterbleiben. Er beschreibt damit eine Umdeutung von Herrschaft und illustriert einen Wandel im Denken, das mit einem sich etablierenden Staat dessen Bemühungen um die ‚Seelen' ausmacht, also auf das Innere der Menschen zielt. Aus der Geschichte dieses Prozesses folgt für Foucault die Frage: Wie kann man die Leute dazu bringen, Selbstdisziplinierung aufzubringen?

Im Zuge dieses Wandels entsteht auch die Pädagogik, also die Wissenschaft davon, Kinder zu erziehen und sie mit den entsprechenden Normen zu prägen. Dass die Untertanen auch als lenkbare Gruppe angesehen werden, gilt fortan für den Staat ebenso wie für die Kirche. Nicht erst seit Foucault ist bekannt, dass Herrschaft mehr auf Zwang basiert als es Vertragstheorien (Tilly 1985, 1992; vgl. Hobbes 1966 [1651]; Locke 1977 [1690]; Rousseau 1958 [1762]) nahelegen – aber er argumentiert, dass das gesamte Sein, die Identität und Existenz der Bevölkerung durch ihren Platz im Herrschaftssystem begründet und bestimmt wird. Die Frage ist also: Wie kann man das Verhältnis von staatlicher Regulierung, ihre Reichweite und die Wechselbeziehungen von Individuen und den Gesellschaften, in denen sie aufgehen, untersuchen? Wie sind die Regeln zu bestimmen, nach denen sich Menschen und Kollektive verhalten?

Historisch zeigt sich das an neuen Problemen: Einerseits trennt sich mit dem Absolutismus die weltliche von der kirchlichen Herrschaft – indem sich vormalige Ritter (eigentlich Kriegsunternehmer, oder wie man heute sagen würde: Warlords), zu absolutistischen Herrschern entwickeln, benötigen sie die Verfügungsgewalt über die Bevölkerung, die auf ihrem Territorium lebt. Sie entziehen die ideelle, religiös begründete Verfügung der Kirche über die Seelen. Dem Feudalismus war das Territorium zweitrangig, kirchliche wie weltliche Feudalherren waren an dem auf dem Land Erwirtschafteten, nicht am Territorium selbst interessiert (Siegelberg 2000, S. 14–19).

Andererseits wird dieses Prinzip durch die Reformation aufgebrochen: zwar versucht die Kirche noch, über die Seelen Verfügung zu behalten, aber weder katholische noch protestantische Kleriker können einen Alleinverfügungsanspruch begründen, weil es nun Alternativen gibt. Im Übrigen unterscheidet sich die Parallelität von Protestantismus und Katholizismus von der Serialität von Christentum und Judentum: Das Judentum als ältere Religion wurde als veraltend, als durch die neuere Offenbarung überholt angesehen, woraus sich für die christliche Kirche ein Bekehrungsanspruch gegenüber Juden ergab. Gegenüber der jeweils anderen zeitgenössischen christlichen Strömung wird ein solcher Belehrungsanspruch zwar erklärt, die schiere Existenz der jeweils anderen untergräbt aber die Begründung des Christentums als Herrschaftsmodell aus sich selbst heraus.

Dass die Herrschaft ererbt oder erobert wird, erlaubt dem Fürsten ohne moralische Verpflichtung – so lesen es die sogenannten Anti-Machiavellisten – zu herrschen, ist aber gleichzeitig sein Hauptproblem, weil sie dadurch prekär, von innen wie von außen bedroht und in jedem Fall austauschbar ist. Herrschaft dient also mindestens zum Teil sich selbst, dem Herrschaftserhalt. Jenseits der moralischen Aufladung, die noch heute mitschwingt, wenn von ‚machiavellistischem' Verhalten die Rede ist, steht die ‚Ökonomie' im Zentrum. Hier liegt eine Analogie, die den wirtschaftlichen Kleinverband, also die Familie, die im antiken Griechenland als kleinste wirtschaftliche Einheit verstanden wurde, auf den Staat überträgt. Im altgriechischen heißt die kleinste wirtschaftliche Einheit *Oikos,* konkret meint es die bäuerliche Familie. Zu der gehören die Familienmitglieder mit dem Vater als Familienvorstand und gewissermaßen dem Leiter des Verbandes, ferner Sklaven und Tiere, die alle eingebunden sind in den wirtschaftlichen Zusammenhang: Sie müssen im Zusammenspiel die Mittel zur Reproduktion erwirtschaften, sind aber gleichzeitig Ziel des Wirtschaftens, weil sie versorgt werden müssen. Anders formuliert: das Wohl der kleinen Gemeinschaft bestimmt die Handlungsweise und ist Leitidee der wirtschaftlichen Entscheidungen.

Dem Staat wächst nun diese Aufgabe der Ökonomie zu: Sorge zu tragen für die Bestandteile des Staates wird zur Aufgabe, und zwar auch, weil er sich selbst reproduzieren muss. Die *richtige Anordnung der Dinge* sei also Hauptaufgabe des Staates. Damit ist das umfassende Netzwerk aus Beziehungen, Geschäften, Sitten und Normen innerhalb einer staatlich verfassten Gesellschaft gemeint. Es gehe nicht darum, „die Dinge den Menschen gegenüberzustellen, sondern vielmehr darum zu zeigen, daß das, worauf sich das Regieren bezieht, nicht das Territorium ist, sondern eine Art aus den Menschen und den Dingen gebildeter Komplex. Das heißt überdies, diese Dinge, deren die Regierung sich annehmen muß, sagt La Perrière, sind die Menschen, die Menschen jedoch in ihren Beziehungen, in ihren Bindungen und ihren Verflechtungen mit jenen Dingen, als den Reichtümern, den Ressourcen und der Subsistenz, gewiß auch dem Territorium und seinen Grenzen, mit seiner Beschaffenheit, seinem Klima, seiner Trockenheit, seiner Fruchtbarkeit. Es sind die Menschen in ihren Gepflogenheiten, den Handlungs- und Denkweisen. Und es sind schließlich die Menschen in ihren Beziehungen zu jenen weiteren anderen Dingen, den möglichen Unfällen oder Unglücken wie Hungersnot, Epidemien, Tod." (Foucault 2004, S. 146; mit Bezug auf La Perrière 1555). Für Foucault ist die Regierung also nicht, wie in der politischen Philosophie des späten Mittelalters auf den Herrscher begrenzt, sondern verlangt die Steuerung des Gemeinwesens einschließlich aller seiner Teile. Ein Herrscher kann sich nicht darauf beschränken, das Territorium zu beherrschen oder zu kontrollieren, ja nicht mal allein darauf, es zu bewirtschaften.

Foucault grenzt deshalb ‚Regieren' begrifflich vom bloßen Herrschen ab. Regieren folgt einem Ziel, gestaltet die Abläufe und Verhaltensweisen der Menschen, über die eine Regierung Einfluss ausübt. Klassisch war die Zielsetzung der Erhalt der Regierung, und zu diesem Zweck wurde regiert. Nun aber, begründet Foucault, könnte es verschiedene Zielrichtungen geben, und Regieren müsse jeweils das tun, was angemessen sei, um dieses Ziel zu erreichen. Wenn jetzt Dinge so angeordnet werden sollen, dass sie gut zusammenspielen und, vielleicht erst nach und nach, aber letztlich strategisch und zielstrebig einem vorgegebenen Ideal folgen sollen, dann werden Gesetze zum Mittel, dies zu erreichen und bleiben nicht Selbstzweck. Vorher war der Gehorsam wesentliches Ziel von Herrschaft, während der Zweck des Gehorsams in den Hintergrund rückte (Foucault 2004, S. 148–149).

Hier wird die Politik modern, weil sie nicht mehr einem höheren Ideal oder göttlichem Willen folgt, sondern weil durch diese Zweck-Mittel-Relation Pragmatismus in die Politik einzieht. Der Herrscher muss sich in den Dienst der Beherrschten stellen und die *Dinge* weise so anordnen, wie sie der Erreichung der Ziele dienen. Dass dies durchaus manipulativ, ohne das Wissen der Beherrschten und manchmal auch sich selbst von den Zielen ablösend geschehen kann, ist bei Foucault als Verselbstständigung der Herrschaftstechniken angelegt.

Für den Staat ändert sich das Verhältnis zur Ökonomie, denn mit der zunehmenden Durchsetzung von Eigentum und wirtschaftlichen Aktivitäten erfordert ‚Staat zu sein' einen wachsenden Verwaltungsapparat. Charles Tilly hat begründet, dass die Staaten aus einem Mechanismus von Krieg, Unterdrückung (Schutzgelderpressung), Schutz und Verwaltung entstanden seien. Im folgenden kurzen Exkurs wird dieser Zusammenhang erkundet. Tilly (1985, 1992) hat über europäische Staatsbildungsprozesse ausgearbeitet, wie Milizenführer durch ihre Gewaltfähigkeit die Wurzel zur Entwicklung von Staaten legten. Dabei erpressen diese Akteure von einer Bevölkerung Geld, mit dem sie militärische Fähigkeiten organisieren. Man könnte auch sagen: Sie plündern die Bevölkerung aus und bieten ihr gleichzeitig Schutz gegen andere Plünderer – ein Modell der Schutzgelderpressung. Über Zeit entwickelt sich ein ineinandergreifendes System von wiederholbarer und geregelter Plünderung, im Kern Besteuerung gegen Schutz. Schutz bedeutet, dass ein nun wahrscheinlich König genannter Milizenführer nach innen, also gegenüber Rivalen seine Vorherrschaft sichern, aber auch nach außen die Bevölkerung wie das Territorium schützen muss. Die Schutzfunktion ergibt sich natürlich daraus, dass Territorium wie Bevölkerung die ökonomischen Ressourcen bereitstellen, „erwirtschaften", die der König braucht, um seine Gewaltfähigkeit zu organisieren.

Wie macht er das? Er bedarf Gewaltakteuren, also Militär, das einsetzbar ist, um den Staat zu verteidigen. Andererseits ist Militär aber auch gefährlich, weil es hierarchisch durchorganisiert eine Bedrohung politischer Macht sein kann: Die Gefahr eines Putsches ist allgegenwärtig. Im Lauf der Geschichte verändert sich die militärische Sicherheitsfunktion nach innen: Sie wird mehr und mehr zur Aufgabe der Polizei, die anders organisiert, schlechter bewaffnet ist und vorwiegend der gesellschaftlichen Gewaltkontrolle dient. Mithin geht von Polizei weniger Gefahr für die Herrschaft aus als von Militär. Gewaltinstitutionen kosten Geld. Ein idealtypischer Gewaltakteur muss also zunächst die Ressourcen, die benötigt werden, durch Eroberung und Ausweitung des Einflussgebietes erwirtschaften. Eroberungen enden aber dort, wo ein anderer Herrscher ähnlich gut organisiert ist und die gleichen Fähigkeiten hat – anders gesprochen: wo Staaten aneinanderstoßen.

Außerdem ergibt sich irgendwann ein Größenproblem. Je größer ein Territorium wird, das kontrolliert werden muss, desto teurer und instabiler wird die politische Herrschaft: Militärische Einheiten, die weit von der Hauptstadt und damit von der Kontrolle entfernt sind, beginnen tendenziell, ein Eigenleben zu entwickeln. Sie arbeiten auf eigene Rechnung, beginnen, eigene Politik zu machen. Politisch spalten sie sich vielleicht ab, sodass dem Staat, dem eigentlich an Zentralisierung gelegen ist, durch eine solche Zersplitterung Konkurrenz erwächst. Die fragmentierten Herrschaftssubzentren sind oft auch nicht stark genug, sich gegen äußere Angriffe zur Wehr zu setzen. Mit anderen Worten: Sie sollten eine gewisse Größe nicht überschreiten und Herrschaft konsolidieren, damit ein Flächenstaat nicht zerfällt.

Dazu bedarf es eines Apparats, der die Finanzierung sichert: Da die Bevölkerung Steuern nicht freiwillig bezahlt, wird ein Zwangsapparat benötigt, diese einzutreiben. Das mag in der Frühphase der Staatsbildung noch mittels Militär zu machen sein, auf Dauer aber werden die Einkünfte verrechtlicht und damit billiger einzutreiben. Historisch bilden sich spezifische administrative Bereiche heraus, denen die Bewirtschaftung der Bevölkerung obliegt. Aber auch die Organisation des Militärs bleibt relevant: Der Staat muss wissen, wer im Militär dient, wer also bezahlt werden muss und wer nicht. Und es muss bekannt sein, wer Steuern zu zahlen hat, worauf sie erhoben werden, und wie sie verwaltet werden. Welche Einkommensarten (Revenuen) dem Staat zur Verfügung stehen, prägt dabei seine Form: In einem fiktiven, von Gebirgen umgebenen Land mit hoher wirtschaftlicher

3 Risiko als Sozialtechnologie

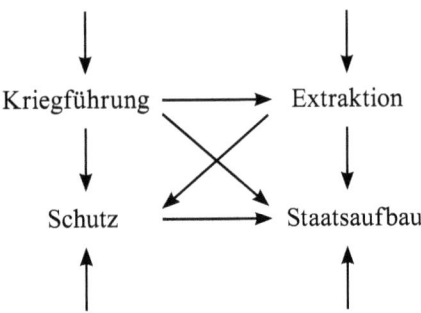

Abb. 3.1 Politische Ökonomie der Staatsbildung nach Charles Tilly (1985, S. 183)

Produktion genügt es, an dem einzigen Pass eine Wache aufstellen, die Zölle erhebt. Mit wenig Personal und geringem Aufwand kann erfasst werden, wie viele Güter hier durchlaufen. Angesichts vieler Möglichkeiten, zu schmuggeln, werden in der Wirklichkeit aufwendigere Kontrollen notwendig. Auch haben die meisten Länder nicht nur einen ‚Zugang', und Übergänge sind nicht nur Pässe oder Brücken, die einfach zu kontrollieren sind. Auch die Korruptionskontrolle der Eintreibenden fordert den Staat (Abb. 3.1).

Komplexer als Wegezölle sind direkte Steuern, denn Einkommenssteuern oder Körperschaftssteuern bedürfen einer Erfassung der Steuerpflichtigen im Vergleich zu Handelsströmen. So muss ein Staat zunächst wissen, wie viele Leute eigentlich auf dem Territorium leben, was sie tun und wie viel sie einnehmen. Die Administration ist also beauftragt, die Bevölkerung zu erfassen. Die Ausdifferenzierung von

Steuerarten und wie diese erhoben werden hier dazustellen, würde zu weit führen – es geht lediglich darum zu illustrieren, welch komplexe und rückschlagsbedrohte Aufgabe der Aufbau eines Staates und seine Finanzierung ist. Daran zeigt sich, warum die Staaten zunehmend mehr für andere als militärische Aufgaben ausgeben können, wenn die Grenzen eines Staates weitgehend gefestigt und interne und externe Gegner eingehegt sind. Verteidigungshaushalte machen zwar noch einen recht stattlichen Anteil der Haushalte aus, aber sie bestimmen nicht mehr die Hauptmerkmale des Staates[1].

Tilly erläutert, dass wichtiger als die interne Anerkennung für den Herrscher ist, von seinesgleichen anerkannt zu werden. So bildet sich eine Klasse von Königen, die einander anerkennen, um so ein System legitimer Staatlichkeit zu etablieren. Ein internationales (Staaten-)System, wie wir es heute kennen, ist die Folge. Foucault bezieht sich nicht auf diese verwobenen und oft widersprüchlichen Prozesse, aber er beobachtet die historische Entwicklung, in der mehr und mehr staatlicher Zugriff auf die Gesellschaft organisiert wurde. Die ‚Polizey' genannte Regierung von oben nach unten, bis in die Regulierung des Privaten hinein, illustriert: Polizei heißt hier erstmal nur ‚die öffentlichen Angelegenheiten betreffend' – noch heute präsent im politikwissenschaftlichen Begriff der *Policy*. Der Begriff enthält aber auch Zwangscharakter,

---

[1]Das schwedische Friedensforschungsinstitut SIPRI stellt unter www.sipri.org die weltweiten Aufwendungen für Rüstung und Verteidigung in jährlichen Berichten im Vergleich dar.

denn es reicht nicht, eine Policy zu formulieren, ein Staat muss seine Ziele auch durchsetzen, ggf. gegen Widerstände (vgl. Max Webers berühmte Definition von Herrschaft 1985, S. 475).

Tilly verdeutlicht einen wesentlichen Ausgangspunkt für verändertes Regieren, das nicht mehr nur als Familienökonomie auf das Große übertragen wird. Vielmehr kommt eine gesellschaftlich-staatliche Eigenlogik in Gang, die Anzeichen einer gesellschaftlichen Gesetzmäßigkeit aufweist: Mit der Erfassung der Bevölkerung, insbesondere in Statistiken, wird erkennbar, was in der Gesellschaft geschieht. Der Staat beginnt, Unfälle und Todesfälle zu erfassen, das Alter der Verstorbenen, er kann daraus eine Lebenserwartung errechnen; es wird erhoben, wer wie viel verdient, wo die Reichen und wo die Armen wohnen. Wirtschaftliche Konjunkturen sind an sinkender Arbeitslosenzahlen oder steigenden Einkommen abzulesen. Firmengründungen oder -pleiten zeigen, ob staatliche Politik wirtschaftliches Handeln ermöglicht und fördert oder sogar behindert. Das ist aus zweierlei Hinsicht interessant:

Einerseits erlaubt dieses Wissen, die ‚Anordnung der Dinge' zielgerichtet zu entwerfen, wenn statistische Daten zeigen, wie die ‚Dinge' sich gerade verhalten, sodass ein Staat dann Ziele überlegen und aushandeln kann. Entscheidender ist aber wohl, direkte Effekte einer Policy zu erkennen. Ihre Zielsetzung ist bekannt, und es ist statistisch abzulesen, ob dieses Ziel näherkommt: Etwa, ob durch Gesundheitsvorsorge die Lebenserwartung steigt, ob durch Regulierung von Produktionsprozessen zur Nahrungsmittelherstellung die Anzahl an Lebensmittelvergiftungen zurückgeht, ob durch die verbindliche Einführung von Sicherheitsgurten im Auto die Zahl tödlicher Unfälle abnimmt (oder steigt, weil sich Menschen aus brennenden Autos nicht befreien können), und so weiter.

Als Modell und Referenzpunkt von Politik verliert die Familie in diesem Prozess an Bedeutung: Zwar ist sie noch reproduktionsrelevant, als ökonomische Einheit verliert sie aber an Relevanz. Ökonomie wird also nicht mehr als Reproduktionsmechanismus der Familie verstanden, sondern auf die Bevölkerung bezogen. Familien gehen in der Gesamtheit der Gesellschaft auf, sind zwar noch immer spezifisch statistisch erfassbar: Wie viele arbeitsfähige Kinder gibt es in den Familien, welche fortpflanzungsrelevante Sexualpraxis ist verbreitet, welche Ausbildung wird unterstützt, was wird konsumiert, was ‚kostet' die Familie? Damit kehrt sich das Verständnis um: nicht mehr ist die Familie Vorbild für die gute Regierung, sondern sie ist Spielfeld für das Regieren, also das Steuern individuellen Verhaltens in Hinblick auf das gesellschaftliche Ganze. Nebenbei ermöglicht diese geänderte Perspektive eine fortschreitende Individualisierung.

Die Souveränität, anfangs so zentral für die sich bildenden Staaten, fällt auf Dauer an Relevanz hinter die gute Regierung zurück. Bevölkerung wird zum Interventionsfeld für Regieren, während die politische Ökonomie sich als eigenes Feld herauskristallisiert und Interventionen und Steuerung braucht, die auf spezifischem Wissen und Technologien beruhen. Diese jeweils distinkten, aber zusammengenommen umfassenden Felder, auf denen Regieren stattfindet, lässt sich mit Foucault als Gouvernementalität beschreiben:

> Ich verstehe unter ‚Gouvernementalität' die aus Institutionen, den Vorgängen, Analysen und Reflexionen, den Berechnungen und den Taktiken gebildete Gesamtheit, welche es erlauben, diese recht spezifische, auch sehr komplexe Form der Macht auszuüben, die als Hauptzielscheibe die Bevölkerung, als wichtigste Wissensform die politische Ökonomie und als wesentliches technisches Instrument die Sicherheitsdispositive hat. Zweitens verstehe ich unter ‚Gouvernementalität' die Tendenz oder die Kraftlinie, die im gesamten Abendland unablässig und seit sehr langer Zeit zur Vorrangstellung dieses Machttypus geführt hat, den man über alle anderen hinaus die ‚Regierung' nennen kann: Souveränität, Disziplin, und die [sic!] einerseits die Entwicklung einer ganzen Serie spezifischer Regierungsapparate [und andererseits] die Entwicklung einer ganze Serie von Wissensarten nach sich gezogen hat (Foucault 2004, S. 162–163).

Aus dem wenig interventionistischen Staat, der bis in die frühe Moderne nur zur Regelung von Streitereien eingriff, wurde ein Verwaltungsstaat von hoher Eingriffsdichte und -tiefe. Die politische Auseinandersetzung um Mittel und Wege, um Befugnisse und Zuständigkeiten des Staates wanderte in den Staat und seine Institutionen: Herrschaft wird in den Staat hineinverlagert. Sie verändert sich dergestalt, dass die *Sicherheitsdispositive* zu einer der wesentlichen Technologien werden, mit der die Interventionen in die Gesellschaft begründet und durchgeführt werden. Damit wird der Staat zur unerlässlichen Bedingung (conditio sine qua non) für Sicherheit, er begründet sein Handeln mit der Sicherheit. Dafür gibt es zahllose Beispiele: Wesentlich ist dafür die Gewaltmonopolisierung, die, obwohl nie erreichbar, zur Zielmarke allerhand Überwachungsmaßnahmen wird; auch Vorschriften fallen darunter, die zur Absicherung verschiedenster Lebensrisiken gemacht werden.

Zusammenfassend ist ‚Gouvernementalität' funktional der Zusammenhang von Institutionen, deren Praktiken, Analysen und Reflexionen, den Berechnungen – also grob gesprochen von Wissen, das sie schaffen, und den Taktiken, die sie anwenden, um spezifische Interventionen zur Steuerung von Bevölkerungen vornehmen zu können. Dazu dient die Bevölkerung als Gegenstand (Foucault sagt ‚Hauptzielscheibe') – aber nicht nur, denn auch die Institutionen sind Gegenstand der Steuerung! -, die politische Ökonomie ist das Mittel zum Zweck. Ökonomie wird nicht mehr als von der Familie auf das Große-Ganze übertragen, sondern als gesellschaftlicher Zusammenhang betrachtet. Von den Techniken der Intervention sind die Sicherheitsdispositive, also die multiplen auf Sicherheit basierenden Erklärungs- und Legitimationsstrategien, zentral.

In diesem Teilkapitel wurde der Bezug zum Risiko nicht unmittelbar deutlich. Anhand der weiteren risikorelevanten Themen zeigt sich aber das Risiko als Technologie der Sicherheit und der politischen Ökonomie und damit als Ursache und Wirkung gouvernementalen Handelns. Auch wenn Foucault es nicht erwähnt, ist Risiko als politischer Abwägungsprozess in seinen Überlegungen vorhanden. Da Foucault die Entstehungsgeschichte der Gouvernementalität entwickeln will und nicht ihre gegenwärtige Ausprägung, bleibt das Risiko zunächst außen vor. Im Verlauf der Geschichte ist das Risiko ebenso wie der Staat etwas

Gewordenes, etwas, das durch spezifisches Wissen in die Welt kommt, ohne das es nicht existieren würde. Risiko ist eine von vielen Arten, spezifisches Wissen anzuwenden. Interventionen in und die Steuerung der Gesellschaft hängen davon ab, welchen Grad an Wahrheit eine Risikobeschreibung für sich in Anspruch nehmen kann und eine Chance hat, Anerkennung zu finden.

> Was versteht Foucault unter Gouvernementalität?
> Welche sozialen Entwicklungen ermöglichen bzw. begünstigten die Herausbildung des ‚Regierens' als ‚Anordnung der Dinge'?
> Unter welchen Voraussetzungen können gesetzte politische Ziele erreicht werden?
> Welche Formen spezifischen Wissens tragen dazu bei, Ziele zu formulieren und die Mittel zu ergreifen, sie zu erreichen?
> Inwiefern sind moderne Formen des Regierens kompatibel und günstig für Risikoerwägungen, Risikobewirtschaftung und Risikopolitik?
> Wie ist der Zusammenhang von Kriegführung, Schutz, Finanzen und Staatsformierung?

3.2 Risiken bewirtschaften

Um politische Ziele zu formulieren muss zunächst Wissen geschaffen werden, das die Wirklichkeit erfasst. Spezifisches Wissen ist Grundlage für ökonomische und politische Steuerungsmechanismen, zu denen das Regieren gehört, die aber auch beispielsweise in Versicherungen zum Tragen kommen. Für spezifisches Wissen um Risiko steht am eindrucksvollsten die Statistik. Was als Technologie des

Regierens funktioniert, also die Erfassung der Bürger, ihre Kartierung nach Tätigkeiten, wirtschaftlichen Verhältnissen, Sitten und Gebräuchen, erlaubt, Räume zu identifizieren, wo Interventionen stattfinden können. Im Umgang mit Risiko – ökonomisch wie als Risikopolitik – ist dieses Wissen zentral, weil es rationalisierte Begründungsmuster produziert. Die Praxis des Risikos produziert derweil selbst spezifisches Wissen. Wirtschaftliche Kalkulationen und darauf basierende Gewinnerwartungen wirken nicht nur als wirtschaftliche Kennzahl, sondern beeinflussen auch das Verhalten von Menschen. Versicherungsschutz ist an verschiedene Verhaltensweisen geknüpft, andernfalls der Versicherungsschutz erlischt: Auslandskrankenkassen gelten nur in Ländern, für die keine Reisewarnungen des Auswärtigen Amts bestehen. Risikosportarten können aus Krankenversicherungen ausgeschlossen sein. Entführungsversicherungen, die es für Mitarbeiter internationaler Organisationen zunehmend gibt, sind an absolutes Stillschweigen gebunden, um Anreize zu verhindern. Lebensversicherungen verlangen vor Abschluss die Aufhebung der ärztlichen Schweigepflicht und dergleichen Regularien mehr.

Hier setzen Francois Ewald und Robert Castel an, die Überlegungen Foucaults zu Versicherungen konkretisieren. Ewald (1991) nähert sich dem aus einer Sprachperspektive an und fragt, was wir meinen, wenn wir *Versicherung* sagen. Einerseits meint das Wort die Institution, also eine Firma oder einen kommunitären Zusammenschluss, durch den ein mit einer gewissen Wahrscheinlichkeit eintretendes Risiko abgesichert wird. Abgesichert heißt nicht, dass Vorbeugung betrieben, sondern Vorsorge gegen die

Kosten eines eintretenden Schadens getroffen wird: Vorsorge ermöglicht Kompensation für einen erlittenen Verlust. Die Ausprägungen dieser Vorsorgetätigkeit sind denkbar variantenreich: Von Lebensversicherungen bis hin zu Haftpflicht-, Hausrat-, aber auch Entführungs- oder Wettverlustversicherungen sind alle möglichen ‚Sorten' des Produkts ‚Versicherung' denkbar. Warum kommt es, fragt Ewald, zu so vielen verschiedenen Ausformungen?

Verschiedene Arten von Versicherung werden vergleichbar durch die Technologie, die in der Tätigkeit des Versicherns zum Einsatz kommt. Die ‚abstrakte Technologie' der Versicherung setzt verschiedene, scheinbar unverbundene Faktoren zueinander in Beziehung. Unter der Bedingung, einen wirtschaftlichen Nutzen zu erzielen, werden Faktoren so miteinander kombiniert, dass sie sich gegenseitig abmildern bzw. den potenziellen Schaden ausbalancieren. Je nach Gegenstand – Gegenstand nicht in einem dinglichen Sinn verstanden, sondern als Zielobjekt, als zu versicherndem Sachverhalt – werden diese Faktoren unterschiedlich kombiniert, entstehen die unterschiedlichen Formen von Versicherung. Die Technologie der Versicherung ist die Fähigkeit, die Faktoren so zu kombinieren, dass sie einen wirtschaftlichen Nutzen haben. Foucault klingt hier an, wenn er von der ‚Anordnung der Dinge' schreibt. Regieren ähnelt der Technologie der Versicherung, also die wirtschaftlich orientierte Anordnung von Risiken.

Ewald hebt auf die fundamentalen Unterschiede von Versicherungen ab, wobei es für ein und denselben Gegenstand verschiedene Möglichkeiten der Kombination der Versicherung gibt, ‚jede Versicherung nur eine von vielen denkbaren und möglichen Anwendungen der Technologie' (Ewald 1991, S. 198; eig. Übers.). Neue Formen folgen u. a. verschiedenen ökonomischen Zielsetzungen. Innovationen kommen, wenn ein unbestellter Raum des Risikos identifiziert wird und mit neuer versicherungsbezogener Vorstellungskraft (‚insurantial imaginary', S. 198) eine neues Versicherungsprodukt ‚erfunden', konzipiert, kalkuliert, vertraglich abgesichert und an den Markt gebracht wird. Die Kombinationen, ob damit priorisiert Gewinn erwirtschaftet, eine möglichst breite Absicherung gewährleistet, Lebensbedingungen beeinflusst oder andere Ziel erreicht werden sollen, macht die konkrete Form einer spezifischen Versicherung aus.

Versicherungen können nach vier Kategorien unterschieden werden: *Technologie* ist die Art, wie potenzielle Kosten kombiniert werden; *Institutionen* unterscheiden sich nach Gewinnorientierung oder Gegenseitigkeit; die *Form* ist variabel in Laufzeit und Prämienzahlungen und *Vorstellungskraft/Vorstellungswelt* beschreibt, welche potenziellen Schadenssituationen der Kalkulation zugrunde gelegt werden. Dies sind abstrakte Kategorien: Sie sind herauskristalliert nach Jahrhunderten der Versicherungspraxis, wobei sich diese konkret aus praxisbezogenen Erwägungen entwickelt haben bzw. entwickelt wurden (vgl. Abschn. 3.3). Wahrscheinlichkeiten und Eventualitäten, Chancen und Zufälle, die mit Verlust, Beschädigung und Wertverlust in Zusammenhang gebracht werden, werden ökonomisch abgewogen. Die spezifische Technologie schafft das Risiko erst als Verbindung dieser Aspekte. Wo Verluste erwartet werden, steigt die Nachfrage nach Absicherung der damit assoziierten ökonomischen Aktivität.

Indem Versicherte vom Gewinn ihrer Tätigkeit einen kleinen Teil abgeben, sind sie versichert gegen den Totalverlust, der im Scheitern einer Transaktion, im Verlust eines Schiffes samt Ladung, oder im Wertverfall einer Anlage bestehen kann. Insofern werden Risiken erst erkannt, wenn die pure Möglichkeit wirtschaftlichen Schadens sichtbar und eine Garantie angeboten wird, gegen Geld dieses Risiko nicht individuell tragen zu müssen. Die Kreativität der Versicherung liegt darin, diese Zusammenhänge herzustellen und Produkte zu entwickeln und anzubieten, die dieses Verlustpotenzial sichernd abdecken.

Dass die angewandte Technologie die sozialen Beziehungen der Menschen beeinflusst, liegt auf der Hand: zunächst ist Risikotechnologie auf alle Bereiche der Welt anwendbar, solange sie bewirtschaftbar sind. Die Technologie folgt einer bestimmten Form wirtschaftlicher Rationalität. Voraussetzung ist, dass die Risiken versicherbar sind: das heißt, dass sie vorstellbar und dass Schadenshöhe und Eintretenswahrscheinlichkeit eines Unfalls, der Realisierung des Risikofalls, kalkulierbar sind. Dafür aber bedarf es neben der Vorstellungskraft auch Präzendenzen, die zur vergleichenden Berechnung zugrunde gelegt werden können. Die Versicherungs- und Rückversicherungspraxis bündelt nun Fallgruppen und kann diese so wechselseitig absichern. Rückversicherung besteht darin, Risiken in einem Sektor mit Risiken in einem anderen Sektor (und in vielen weiteren) zusammenzubringen und diesen Pool von Risiken gemeinsam als Risiken zu kalkulieren. Ein Risiko mit einer Eintretenswahrscheinlichkeit von X % mit einem anderen Risiko mit einer Eintretenswahrscheinlichkeit von Y % zusammenzubringen, reduziert das Risiko, weil die Wahrscheinlichkeit, dass beide gleichzeitig eintreten, niedriger liegt als für jede Gruppe für sich genommen: Die gepoolten Risiken sichern sich gegenseitig ökonomisch ab.

Wahrscheinlichkeitsrechnung und Statistik kommen also in der Risikotechnologie zusammen. Die Praxis der Versicherung und damit die technologische Produktion und Reproduktion von Risiken ist indes abhängig vom modernen Staat, der Eigentumsrechte garantiert, die versichert werden. Ewald weist darauf hin, dass Verantwortung im Versicherungsfeld nicht eine moralische Frage ist – sie ist eine juristische insofern, als Eigentumsfragen berührt sind. Und die Verantwortung zeigt sich in ökonomischer Hinsicht, wobei beide Sphären unabhängig von der Politik sind, von der sie jeweils zu unterschiedlichen Zwecken eingesetzt werden. Dies zeigt sich an den Einsatzmöglichkeiten, die sich wiederum aus den drei Charakteristika ergeben, die Ewald für das Risiko identifiziert:

Risiko sei kalkulierbar, nur aufs Kollektiv bezogen denkbar, und eine Kapitalsorte (1991, S. 201–205). Kalkulierbar ist es, da berechenbar ist, welches Schadensausmaß und welche Eintrittswahrscheinlichkeit besteht. Die Regelmäßigkeit von Geschehnissen wird zur Wahrscheinlichkeit in ein Verhältnis gesetzt, mit der sie eintreten. Die Regelmäßigkeit ergibt sich aus der Statistik, also der Erfassung von Geschehnissen – spezifisches Wissen – und der Wahrscheinlichkeit, also mathematischer Berechnung. Auf den einzelnen Fall bezogen besagt das zunächst nichts – nur als Klasse von Geschehnissen, in die ein einzelner Fall eingereiht wird, wird die Berechnung aussagekräftig. Das Herauslösen des Einzelfalls (oder umgekehrt das Einbetten des Einzelfalls in seine Klasse) erlaubt, die konkreten Umstände zu ignorieren: Warum ein versichertes Auto einen Unfall hat, wird unbedeutend, wenn man weiß, dass auf 1000 Autos in einem Jahr im Schnitt x Unfälle kommen. Oder, wenn wir wie in Ewalds Beispiel Arbeiter nehmen, die in Ausübung ihrer Tätigkeit einen Unfall haben. Unfälle werden so unterscheidbar, *klassifizierbar* nach tödlichen und solchen Unfällen, die (zeitweise oder auch permanente) Arbeitsunfähigkeit zur Folge haben. So kann kalkuliert werden, was diese Unfälle kosten. Diese Kosten können kompensiert werden. Nicht nur die Arbeiter und ihr Schaden, sondern auch der Produktionsausfall werden versicherbar, die aus den Unfällen resultieren.

Unfälle werden nicht in ihrer Individualität, sondern als Klassen betrachtet, ihr Auftreten bekommt damit etwas (scheinbar) Natürliches: Die Statistik zeigt, dass Unfälle auftreten, ob wir es wollen oder nicht. Risiken werden rationalisiert und damit objektiviert, das heißt sie bekommen beinah den Status von Naturgesetzen. Jedenfalls ergibt sich aus der Erfassung und Kalkulation eine Prognostizierbarkeit von Vorfällen jeder Art – wenn man weiß, wie sie sich in der Vergangenheit verhalten haben.

Risiken sind kollektiv: Der Unfall geschieht individuell, das Risiko ist aber auf alle bezogen. Das Kollektiv ist die Bezugsgröße, aus der sich Risiko ausschließlich ableiten lässt. Nur angewendet auf die Masse lässt sich Risiko kalkulieren. Zwar können wir die Gruppe, auf die sich eine Risikokalkulation bezieht, auswählen – Fußballspieler tragen ein größeres Risiko eines Bänderrisses als Radfahrer – aber wir brauchen das Kollektiv der Fußballspieler als Referenz, um eine solche Aussage zu treffen. Der einzelne

Fall, das einzelne Geschehnis wird Teil einer Klasse von Geschehnissen. Das Risiko wird sozialisiert, also verstanden als Teil eines gesellschaftlichen Geschehens.[2]

Nicht nur ist Risiko nur sinnvoll und aussagekräftig in seiner sozialen Einbettung, als soziale Funktion zu beschreiben, es ist auch inklusiv: Denn zunächst sinken die ökonomischen Kosten für den Einzelnen, je mehr sich an der Risikoabsicherung beteiligen. Aber auch individuell ist jede – auch wenn sie versucht, allen Risiken aus dem Weg zu gehen – von Risiken betroffen; und jede ist, auch wenn sie das Leben noch so vorsichtig gestaltet, ein Risiko für andere. Denn das Eintreten eines Unfalls ist nicht kalkulierbar. Obwohl jemand das Tempolimit nie überschreitet, das Auto gewartet ist und die Bremsen funktionsfähig, kann sie dennoch jemanden überfahren; umgekehrt meidet vielleicht jemand das Auto, geht stets zu Fuß und wird trotzdem zum Verkehrsopfer. Ein eigenartiges Spannungsverhältnis besteht zwischen der Individualisierung von Versicherung – der Einordnung einer konkreten versicherten Person in eine Risikogruppe – und der kollektivierenden und sozialisierenden Funktion der Kategorienbildung des Risikos.

Diese Eingruppierung, sagt Ewald (1991, S. 208–209), unterscheidet sich von anderen Gruppen wie Familie, Standesorganisationen oder Gewerkschaften, indem sie das individuelle Mitglied einer Gruppe frei lässt, sie also nicht beeinflusst in ihrem Verhalten oder ihrer Individualität.

---

[2]Die Erfassung etwa von Krankendaten ist deshalb hochprofitabel für Versicherungen, weil sich solche Unfallmuster darunter (unter anderem) ablesen lassen.

Das erscheint zunächst einleuchtend, denn als Mitglied einer Familie oder einer Berufsgruppe ist man durch moralische Anforderungen eingeschränkt, durch Eigenschaften geprägt, die nicht frei wählbar sind. Andererseits werden die Kriterien, die Versicherungen anlegen, um einen individuellen Fall als Teil einer Klasse anzuerkennen, aber durchgesetzt. Wenn bei einem Auto die Ladung nicht gesichert wird, erlischt der Versicherungsschutz. Anders formuliert: Die Technologie des Risikos setzt Verhaltensweisen durch, die als einzige garantieren, dass ein Fall einer Risikogruppe zugeordnet und versichert werden kann.

Risiko ist, drittens, eine Kapitalform. Nicht der Unfall ist versichert, sondern der durch den Unfall entstehende Kapitalschaden. Er kann Verdienstausfall bedeuten oder Behandlungskosten, im schlimmsten Fall des Todes den kompletten Verlust der ökonomischen Produktivität einer Person. Dieses Risiko deckt eine Lebensversicherung[3] ab, weil eine Familie darauf angewiesen ist, dass eine Person in ihrem Leben eine gewisse Menge Einkommen erzielt – der Ausfall des Verdienstes ist für die Familie ein Verlust an Kapital, den die Versicherung kompensiert. Dafür vorausgesetzt ist wiederum, dass vorab projiziert werden kann, welche wirtschaftliche Produktivität eine Person besitzt. Das geschieht durch die Prämie, die steigt, wenn die Versicherungssumme höher ist. Gleichzeitig wird eine ältere Person ‚teurer' zu versichern als eine jüngere: Erstens zahlt die jüngere Person länger in den Prämientopf ein, zweitens

---

[3]Hier sind Risikolebensversicherungen gemeint, nicht die weit verbreiteten kapitalbildenden Lebensversicherungen, die zu einem späteren Zeitpunkt ausgezahlt werden.

ist die Eintrittswahrscheinlichkeit bei Älteren höher. Auf die Kriterien bezogen heißt das, eine Person wird eingeordnet in die Gruppe ‚Ältere Versicherungsnehmer', für die die Risikoprämie aus Statistik und Wahrscheinlichkeit gegenüber der Klasse ‚jüngere Versicherungsnehmer' höher liegt.

An den Beispielen wird deutlich, dass Risiko keinen Aspekt von Schuld beinhaltet: Ohne Versicherung wäre eine Schuldfrage zu klären, warum ein Unfall überhaupt passiert ist, wer folglich verantwortlich und kompensationspflichtig ist. Für ein versichertes Unfallrisiko ist die Schuldfrage unerheblich, das Unfallopfer bekommt eine Kompensation als Teil einer Gruppe von Individuen, denen ein Unglück zustößt, die aber in einer gegenseitigen Absicherungsgemeinschaft mit anderen sind, die das Glück haben, dass ihnen nichts zustößt. Kompensation wird also zu einem Recht der Versicherten, sie sind für die Kompensation nicht auf Gnade oder höhere gerichtliche Instanz angewiesen. Man kann also das Risiko als ‚eigentlichen Gegenwert eines möglichen Schadens innerhalb einer festgelegten Zeitspanne' definieren; Versicherung ist dementsprechend ‚die Kompensation von Auswirkungen des Zufalls durch gegenseitige Absicherung, die nach den Gesetzen der Statistik organisiert ist' (Ewald 1991, S. 205).

Versicherung als Technologie verbindet die Vergangenheit und die Zukunft. Ein Risiko, dass noch nie eingetreten ist, kann nicht versichert werden. Ein Fall muss in der Vorstellungswelt vorkommen, um versicherbar zu sein, das noch nie Dagewesene kennt keine Absicherung. Aus der Vergangenheit wird abgeleitet, was die Zukunft bringen wird – nicht, was sie bringen könnte: Unfälle und Widrigkeiten sind berechenbar und prognostizierbar geworden. Sie sind keine Schicksalsschläge, sondern vorauskalkulierte Kostenfaktoren, bei denen lediglich unbekannt ist, wer davon betroffen sein wird: Dass sie eintreten, ist sicher.

Versicherung ist politische Technologie, weil sie Risiken sozialisiert, also auf die Gesamtheit der Versicherten verteilt. Kollektiv verpflichtende Versicherungen wie die Krankenversicherung in Deutschland können nur durch politische Übereinkunft eingeführt werden. Die Debatten um Obamacare in den USA, wo ein solcher Eingriff von vielen als politisch nicht akzeptabel angesehen wurde, illustrieren dies. Versicherung macht nämlich aus den Versicherten – ob verpflichtend oder freiwillig Teil einer Versicherung auf Gegenseitigkeit – eine Schicksalsgemeinschaft. Obwohl Risiko und Versicherung den Gemeinsinn stärken könnten, ermöglichen sie doch individuelles Handeln, weil Konsequenzen für den einzelnen nicht so drückend sind, wenn sie auf viele Schultern verteilt werden. Die sozialen Folgen für individuelles Verhalten, die Philosophie des Risikos prägen die Gesellschaften (Ewald 1999, S. 208). Denn im Rechtsverhältnis der Versicherten gegenüber der Versicherung ist enthalten, dass sie bei Eintritt eines Schadens wirklich auf Kompensation zählen können. Eine Versicherungsinsolvenz ist deshalb ein Problem für das Gemeinwesen; in diesem Fall wird der Staat gefragt sein, für das Ausfallrisiko einer Gruppe von Versicherten aufzukommen, deren garantierte Kompensation andernfalls wegfällt.

Zusammenfassend ist festzuhalten, dass Risikokalkulation, wie sie in Versicherungen praktiziert wird, die Möglichkeiten wirtschaftlichen Handelns erheblich ausweitet.

Sie trägt zur Wohlstandsproduktion bei und sichert den Wohlstand profitabel ab. Gleichwohl ist Risiko als Kapital ungleich verteilt, die Verteilung von Risiken erscheint im globalen Maßstab besonders ungleich (vgl. Kap. 2 und 3.3). Risiken, ihre Kalkulation und die Praxis der Versicherung beeinflussen die Lebenspotenziale von Individuen, indem sie manche Verhaltensweisen, etwa zum Einsatz von Kapital oder Arbeit, belohnen und andere bestrafen. Eine durchgängige Erwerbsbiografie beispielsweise wird für immer mehr Menschen zur Ausnahme, beispielsweise weil es nicht genügend Arbeitsplätze gibt, dauerhafte Stellen seltener werden, aber auch weil viele Menschen mehr Potenziale in ihrem Leben verwirklichen wollen als das früher der Fall war; deshalb verlieren in westlichen Ländern die Rentenversicherungskalkulationen, die auf der Basis durchgängiger Beschäftigungsverhältnisse kalkuliert waren, zunehmend ihre Passgenauigkeit. Risiko, in seiner spezifischen Form der Versicherung, muss immer wieder angepasst werden, wobei seine Widersprüchlichkeit in der Vermittlung zwischen Vergangenheit und Zukunft liegt.

Prävention wird interessant, wenn Kompensation nicht ausreicht. Indem einem Individuum und seinem Verhalten ein gewisses Risiko zugeordnet wird, kann mit gezielter Intervention (vgl. Foucaults Terminologie) versucht werden, dieses Verhalten zu verändern. Statt das eingetretene Risiko zu kompensieren, versuchen Kollektive, ein Eintreten überhaupt zu verhindern. Gouvernementalität greift in das Verhalten der Bevölkerung ein, um aus wirtschaftlichen Erwägungen Veränderungen zu bewirken oder ggf. zu erzwingen. Die Verhaltensveränderung wird durch Spezialisten ausgelöst, die spezifisches Wissen produzieren und im Sinne der Steuerbarkeit Maßnahmen entwerfen, durch die das Verhalten verändert werden soll. Robert Castel (1991) illustriert dies am Beispiel der medizinischen Prävention (Gesundheitsvorsorge), die sich auch auf andere Bereiche anwenden lässt. In der Psychiatrie wurden Patienten als gefährlich eingestuft, die bereits als gewalttätig aufgefallen waren. Ein Risiko wurde also aus der Vergangenheit extrapoliert und als zukünftiges Risiko behandelt. Es bleibt individuell, weil die Diagnose auf eine Einzelperson gestellt wird, die entsprechenden Maßnahmen natürlich auch auf diese Person bezogen sind und umgesetzt werden. Dabei kann die Diagnose falsch sein oder der Umfang der Konsequenzen in einem Missverhältnis zur Gefahr stehen (1991, S. 283). Die Gefahr, die von einem Einzelnen ausgeht, wird faktoriert, also in Einzelkriterien aufgeteilt und so als Risiko relativ zu anderen Personen erfasst. So kann erhoben werden, ob Sexualstraftäter einen veränderten Hormonspiegel haben. Das allein reicht aber nicht aus für eine Risikokalkulation – erst zusätzliche Faktoren wie ein schwieriges Verhältnis zur Mutter oder Misshandlungen in der Kindheit, definieren ein Risiko, sofern entsprechende statistische Informationen vorliegen.

Das gilt im Kern für alle Erkrankungen: Alles deutet darauf hin, dass Rauchen schädlich ist, aber einen individuellen Lungenkrebs ursächlich darauf zurückzuführen wäre gewagt. Ein Risiko einer Erkrankung, beispielsweise eines Herzinfarkts ist bei Rauchern aber in Relation zu anderen Faktoren wie genetische Disposition, Übergewicht, Lebenswandel, Sport etc. erfassbar und berechenbar. Wenn dieses Bilden von Risikoklassen ausgeweitet wird, geht es nicht mehr nur um physische und/oder psychische Erkrankungen. Auch soziale Verhältnisse kommen in den Blick: Je nach Bevölkerungsgruppe trägt jemand ein höheres Risiko, arbeitslos, vielleicht kriminell zu werden oder aber reich zu werden und gesund zu bleiben. Dies ist statistisch einigermaßen genau festzulegen. Im Sinne eines sozialinterventionistischen und auf Prävention achtenden Staates legen solche Faktoren Interventionen nahe: Wenn bei Untersuchungen eine Kombination sozialer Risikofaktoren entdeckt wird, schalten sich Sozialarbeiter und Betreuer ein, um durch gezielte Interventionen eine statistisch wahrscheinliche, jedenfalls erhöht plausible Entwicklung zu beeinflussen. Statistik erlaubt dann auch feststellen, ob im Lauf der Jahre, in denen eine solche Praxis angewandt wird, die erfassten Fälle zurückgehen – was offenlegen würde, ob Interventionen im Sinne der definierten Ziele erfolgreich ist.

Während im Fall eines verwahrlosten Kinds oder eines Sexualverbrechers wohl wenig Dissens besteht, dass hier Interventionen sinnvoll sind, steht generell eine sich tendenziell ausweitende Interventionspraxis zu befürchten. Immer mehr Überwachung produziert immer mehr spezifisches Wissen über die Menschen, das entsprechend verknüpft verschiedene, immer tiefer greifende Interventionen rechtfertigen und umsetzen lässt. Diese müssen einer politischen Kosten-Nutzen-Abwägung folgen: Paradebeispiel ist die Möglichkeit, die Kostenexplosion des Gesundheitssystems einzudämmen, indem Patienten Behandlungen vorenthalten werden. Beispielsweise kann man festlegen, dass eine Hüftoperation ab einem bestimmten Alter nicht mehr durchgeführt wird, weil die Lebenserwartung nicht in einem angemessenen Verhältnis zu den Kosten gesehen wird – ob eine Altersgrenze akzeptabel ist und wo sie zu ziehen wäre, ist umstritten und muss politisch verhandelt werden.

Die Präventionslogik öffnet der Steuerung der Bevölkerung viele Türen. Die Technologie der Risikoberechnung rationalisiert diese Praxis, bestärkt aber auch die Epistemologie des Risikos insofern, als sie ihr Sinn verleiht und Interventionen zur Steuerung der Bevölkerung begründbar macht (Amoore 2013). Da der Staat sich nicht mehr transzendent, also aus einer höheren Macht oder einem höheren Zusammenhang begründen kann, müssen politische Prioritäten jeweils lebensweltlich gesetzt werden. Individuen einer bestimmten Risikogruppe zuzuschreiben, von der ein kalkulierbares Risiko ausgeht, ist also eine extreme Machtressource. Jemanden als Terroristen zu klassifizieren entscheidet ggf. darüber, ob diese Person von einer Drohne getötet wird. Ob jemand Aussicht auf Heilung hat oder nicht kann nach der Zugehörigkeit zu Risikoklassen entschieden, ggf. eine Behandlung angepasst werden. Die Macht, zu kategorisieren, zeigt also im Extremfall existenzielle Konsequenzen: Die Effizienzkriterien des gesellschaftlichen Systems können schlimmstenfalls dazu führen, dass die Risikozuschreibung selbst zu einem Risiko für die betroffene Bevölkerung wird (vgl. Kap. 2 zur reflexiven Modernisierung).

3.3 Lebensweisen reglementieren

Luis Lobo-Guerrero entwickelt in seiner Trilogie zu Risiko und Versicherungstechniken, wie verschiedene Versicherungstypen sich in die jeweilige historische Entwicklung einfügen (Lobo-Guerrero 2011, 2012, 2016). Er zeigt, dass das Imaginarium, die Vorstellungskraft und Vorstellungswelt von Versicherern, in seiner Genese eng an Wirtschaftsweisen und gesellschaftliche Praxis geknüpft ist. Insbesondere beschreibt Lobo-Guerrero die Praxis des Versicherns und seine inhärente Tendenz zur Ausweitung und Erfassung immer neuer Lebensbereiche als im steten Widerstreit mit dem souveränen Gestaltungsanspruch des Staates stehend.

> Although interaction between the entrepreneurial form of power of insurers and the sovereign power of states is usually productive, it is also haunted by governmentalizing attempts to bring insurance and insurers under the regulation of states. Insurers have historically resisted these processes and fought for the right to underwrite[4] (Lobo-Guerrero 2011, S. 10).

Weniger von Belang ist dabei, welche Arten zu leben es gibt, sondern sie in ihrem Zusammenhang zu ihrem sozialen Umfeld, das es zu sichern gilt, zu analysieren: Welche

---

[4] „Obwohl die Interaktion zwischen unternehmerischer Macht und der souveränen Macht des Staates gewöhnlich produktiv ist, versucht der Staat stets, Versicherungen und Versicherer zu regulieren, zu *governmentalisieren*. Versicherer haben sich diesen Versuchen in der Geschichte immer widersetzt und für ihr Recht gekämpft, frei zu versichern" (eig. Übers. u. Hervorhebg.).

Lebensweisen werden durch kapitalistisch wirtschaftende Absicherung begünstigt und welche benachteiligt und wie geschieht das? Wir haben es also mit historischen Arten zu leben zu tun, die eben nicht abstrakt beschrieben oder begründet werden, sondern ganz konkret in der geschichtlichen Lebenswirklichkeit existierten. *Biopolitics,* also auf das Leben bezogene Politik (kritisch problematisiert beispielsweise von Lemke 2007, Nadesan 2008, Dillon und Lobo-Guerrero 2008 mit einer Tendenz, vor der Einschränkung der Freiheit durch den Apparat zu warnen), versteht Lobo-Guerrero als Zusammenspiel aus Versicherungshandeln und seiner Logik, sowie dem souveränen Anspruch des Staates, Leben zu sichern:

> ...a form of biopolitics that results from the interaction between entrepreneurial efforts to capitalize life and sovereign efforts to protect populations. Biopolitics, it is here suggested, is the result of the interaction between entrepreneurial and sovereign power[5] (Lobo-Guerrero 2011, S. 11).

Für das frühneuzeitliche Italien thematisiert er den Widerstreit zwischen Kirche und Händlern. Die Seefahrt zu versichern verstieß gegen das christliche Zinsverbot. Ein päpstliches Dekret verbot deshalb die premiumbasierte Versicherung. Zinsen galten in vielen Religionen als faule Gewinne, indem jemand einen Vorteil, namentlich Geld

---

[5] „...eine Form der Biopolitik, die aus dem Zusammenspiel unternehmerischer Bestrebungen, Leben zu kapitalisieren, und souveränen Bestrebungen, Bevölkerungen zu schützen, entsteht. Biopolitik, so wird hier nahegelegt, resultiert aus der Interaktion unternehmerischer und souveräner Macht" (eig. Übers.).

zu besitzen ausnutzt, um anderen Geld zu leihen und sich dies als Dienstleistung bezahlen lässt – gewissermaßen ein erschlichener Gewinn, weil es allein Gottes Entscheidung war, diesen besserzustellen als jenen. Eine solche privilegierte Situation auszunutzen, kann nach dieser Argumentation nicht gottgefällig sein. Die Verdammung von ‚Wucher'-Zinsen spielt darauf noch heute an und der Wucherer gilt als moralisch fragwürdig, weil er die Notlage anderer ausnutzt.

Im ökonomischen Verständnis jener Zeit spielte kapitalistische Wirtschaft keine Rolle: Die wenigsten Bereiche des Lebens waren durchkapitalisiert, die meisten Menschen fanden sich in der kleinteiligen Verbandswirtschaft eines lokal begrenzten feudalen Herrschaftssystems wieder, in dem es kaum Möglichkeiten gibt, Reichtümer zu erwerben. In der Verpflichtung, dem Feudalherren vom Ertrag (Ernte und dergl.) etwas abzugeben, steckt eine Fürsorgeverpflichtung des Herrn, sodass Überschuss innerhalb des Verbandes alloziert und verwaltet wurde. Erst in den Städten, die sich als Handels-, nicht als Produktionsorte etablierten, bündelte sich langsam das Wirtschaftsgeschehen auf Kapitalbasis: Städte als Handelsplätze ermöglichten den Austausch von Kapital überhaupt erst. Zwar verlangten die Städte für den Schutz, den sie boten, auch Steuern bzw. Gebühren, die aber nicht auf die persönliche Beziehung zwischen Herrscher und Bevölkerung bezogen waren, sondern auf die Zugewinntätigkeit. Der Zugewinn durch Handel brachte den Tausch von Geld mit sich – und war eben nicht bloßer Tausch, weil dabei Gewinn anfiel. So entwickelte sich langsam eine geldbasierte Austauschwirtschaft.

Die norditalienischen Stadtstaaten etablierten ein Herrschaftssystem mit weitgehender Unabhängigkeit, das sie sich erkämpfen mussten und das von Ressourcen, die im Handel erwirtschaftet wurden, abhing. Sie schritten deshalb in der Kapitalisierung von Wirtschaftshandeln voran. Sie handelten profitträchtig mit Luxusgütern, Gewürzen und Stoffen, die ein weit reichender, verzweigter Handel vorwiegend aus dem Osten nach Europa brachte. Kulturell und ökonomisch rückständig war Europa damit erstmals in einen viel älteren ökonomischen Zusammenhang mit China und dem mittleren Osten eingebunden; die Seidenstraße und die Handelswege nach China, der Seehandel in Ostasien und im arabischen Raum wurden so direkt an die begrenzte europäische Welt angebunden (Hobson 2004, S. 119, 2012). Die Seehändler brachten Güter für europäischen Konsum und versuchten, den Handel ins östliche Mittelmeer zu monopolisieren. Es muss hier offenbleiben, ob ihr Austausch mit anderen Kulturen und Religionen sie dazu brachte, die päpstliche Isolationspolitik zu hintertreiben oder ob es die Gier war, die sie dazu antrieb – jedenfalls erfanden sie Versicherungsprodukte, um diesen Handel abzusichern und trotzdem gottgefällig und dem christlichen Gebot treu zu sein.

Die Händler, die eine besondere politische Position einnahmen, standen dabei für eine besondere Art zu leben. Sie waren eine Berufsgruppe, deren primäre Tätigkeit darin bestand, zu kalkulieren, ob etwas, das heute zum Preis X gekauft wird, morgen zum Preis Y (wobei Y > X ist) verkauft werden kann. Ihr Lebensstil, ihre Logik und Handlungspraxis führten zu kulturellen Neuerungen: Ihre spezifische Rationalität, ausgedrückt in mathematischer

Kalkulation, die unbestechlich und unbeeindruckt von den Leidenschaften und Meinungen der Menschen ist, wurde zum philosophie- und handlungsleitenden Ideal von Politik. Die Überwindung von Gottesbezügen in der Herleitung von Herrschaft, spezifischer die Entwicklung von mathematischen Werkzeugen bis hin zur Statistik, boten als spezifisches Wissen dazu die Werkzeuge. Die Technologie der Versicherung entstand in die Lebenspraxis der Händler der frühen Neuzeit eingebettet.

Was machten die Händler konkret? Sie versuchten, ihren Lebensstil und Wirtschaften profitabler zu machen und durch Kooperation abzusichern. Im Fahrwasser der älteren Zivilisationen, mit denen sie in Austausch traten (als erste Europäer, jedenfalls als erste, die wiederholt und zielgerichtet interagierten, wenn man von den religiös motivierten Kreuzzügen absieht), entwickelten diese Händler, die Reeder waren, eine wechselseitige Absicherung. Klassisch garantierten ihre Verträge eine Risikoprämie, die höher lag als es die normale Zinsrate gewesen wäre, die sich auf Investitionen bezog, wenn kein Risiko des kompletten Verlustes bestünde. Stichtag für die Transaktion war der Tag der Ankunft eines Schiffs, also der Tag, an dem es sein Ziel erreicht hatte – dann konnte kein Verlust reklamiert werden. Der Versicherungsnehmer musste dann von dem zu erzielenden Gewinn die Prämie an diejenigen zahlen, die die Lieferung mit ihrem Kapital abgesichert hatten.

Ein Versicherungsvertrag, der eine solche Vereinbarung festhält, ist für sich genommen bereits eine soziale und kulturelle Innovation. Sie basiert auf einer geteilten Annahme, dass man sich zu geschäftlicher Interaktion verabreden kann, wie es die Idee des ‚ehrbaren Kaufmanns' beinhaltet. Schon in Rom hieß es *pacta sunt servanda:* Verträge einzuhalten ist als Idee also schon viel älter. Allerdings entwickeln diese Versicherungen ein rechtsbasiertes Staatswesen mit, das letztlich die Einhaltung solcher Absprachen garantieren wird. Die Entwicklung des Rechtsstaats ist seinerseits ein langwieriger, immer wieder regredierender Prozess, und es ist nicht klar, ob er sich als Resultat der Forderung einflussreicher ökonomischer Akteure nach Rechtssicherheit entwickelt oder Voraussetzung der Ausprägung einer solchen wirtschaftlichen Elite ist.

Im 13. Jahrhundert und beginnenden 14. Jahrhundert wurden die Vertragsklauseln zur Versicherung, vorher Bestandteil beispielsweise eines Liefervertrags, ausgegliedert und zu eigenständigen Verträgen. Dadurch waren sie nicht mehr an die Lieferung selbst geknüpft, die Versicherung bzw. die versicherten Güter werden eigene, handelbare Gegenstände. Sicherheit wird damit – wirtschaftlich und politisch – ein Gut, das transferierbar, kalkulierbar und produktiv wird, indem es erlaubt, abgesichert unternehmerisch zu wirtschaften. Das eröffnet Spielräume, die mehr Profit erlauben, weil die Verträge passgenauer werden und sich andere als Standesgenossen mit Kapital an der Absicherung beteiligen können. Damit steigt die Rentabilität des Handels insgesamt. Im Verlauf einiger Jahrzehnte und Jahrhunderte werden die Händler dadurch – relativ gesehen zur restlichen Bevölkerung und anderen Wirtschaftsakteuren – reicher, sodass ihre Praxis Vorbildfunktion bekommt. Kulturell bekommt der Unternehmergeist, der dadurch ausgedrückt wird, wachsende Wertschätzung; aber auch Reichtum als Ausdruck von explorativem und mutigem Geist wird positiv gesehen und prägt die Geistesgeschichte.

> Uncertainty was merely a human apprehension that contradicted faith. Men should not attempt to anticipate God's will but rather commit to it. However, for the buoyant merchant people of the thirteenth and fourteenth centuries, uncertainty was becoming a complicated phenomenon. Uncertainty was not simply the mystery of God's will. Nor was it simply the instance of danger. It was also the opportunity to make profit. Fuelled by an acquisitive and entrepreneurial spirit, merchants were constantly seeking to expand the frontiers of trade in order to improve their material standing in the world[6] (Lobo-Guerrero 2011, S. 17).

Risiko wird zunehmend zur Chance, Profit zu erzielen. Voraussetzung dafür ist die Herauslösung aus dem feudalen Verband, den erst eine städtische Lebensform ermöglicht. Die unternehmerische Praxis steht dabei im Widerstreit mit der Kirche. Dass durch die Kalkulation Gottes Voraussicht infrage gestellt wird, entzündet einen theologischen Disput: Kann man Gottes Willen infrage stellen, mit dem Unvorhersehbaren spekulieren, das eigentlich nur Gott

---

[6] „Ungewissheit galt lediglich als menschliche Vorahnung, die den Glauben entgegenstand. Menschen sollten nicht versuchen, Gottes Willen vorauszusehen, sondern sich ihm unterwerfen. Für die umtriebigen Händler des dreizehnten und vierzehnten Jahrhunderts wurde die Ungewissheit jedoch zunehmend zu einem komplizierten Phänomen. Nicht nur war Gottes Willen ein Mysterium oder Quelle von Gefahren. Sie bot auch Möglichkeiten, Profit zu machen. Von Erwerbs- und Unternehmergeist getrieben suchten die Händler stets nach Gelegenheiten, die Grenzen des Handels auszuweiten und ihre materielle Position in der Welt zu verbessern" (eig. Übers).

kennen kann? Die Kirche sieht sich beauftragt, für die Seelen der Menschen, aber auch für ihr Existenzminimum zu sorgen. Jesus' Auftrag, für die Schwächsten zu sorgen, ist hier leitend. Jesus hat aber der Überlieferung nach die Geldwechsler aus dem Tempel vertrieben, ein Bild, das illustriert: Wer aus dem Tempel vertrieben wird, verliert die Nähe zu Gott. Die Versuche, Zinstätigkeit zu rechtfertigen, sind zahlreich, aber erst mit den Seehändlern wird die Risikoprämie zentral für die Tätigkeit.

Die frühen Verträge, in denen die Versicherung Teil eines Seekredits war, ziehen wegen der Verzinsung die Aufmerksamkeit der Kirche auf sich. Ein Edikt des Papstes bezieht sich auf diese Praxis und zwingt die Seehandelsunternehmer, sich nach Alternativen umzusehen: Versicherung zu organisieren, ohne dass sie vom Zinsverbot erfasst und verboten ist. Ein langwieriger politischer Austarierungsprozess zwischen der souveränen Macht der Kirche, Regeln zu erlassen, und den Lebenspraktiken beginnt, die diese Regeln an ihre Interessen anpassen wollen. Der Versuch der Kirche, ihre pastoralen (Hirte = Pastor!) Aufgaben zur Rettung der Seelen zu erfüllen, wird konterkariert durch die Profitorientierung und die bereits gewonnenen Freiheiten der Individuen, ihre Lebensgestaltung selbst zu entwerfen. Mit wachsender Kapitalisierung werden sie nämlich aus dem religiösen Lebenszusammenhang herausgelöst; die Bedingungen der Möglichkeit zu einem freien Leben werden dadurch erst entwickelt.

Nicht nur wird hier ein Verstoß gegen die Regeln des sozialen Lebens, wie sie die Kirche aufgestellt hatte, verhandelt. Die Praxis der Gestaltung der Welt (anstatt sie von Gott entgegenzunehmen) ist für sich genommen ein Affront. Hier beginnt, was die Aufklärung zu Ende bringen wird, nämlich den Menschen als seines eigenen Schicksals Schmied anzusehen (Porter 1991). Die ökonomische Praxis dazu stellte den Wahrheitsanspruch der Kirche infrage, da spezifisches Wissen, etwa um Verlustquoten von Schiffen oder von Wertzumessung zu Leben und Waren stattfindet, einen universellen Wahrheitsanspruch der Kirche negiert. Dieses Wissen nämlich ist erforderlich und instrumentell, um das Unbekannte zu erschließen – während im Weltbild der Kirche das Unbekannte von Gott gewollt und Teil der Welt als Gottes Schöpfung ist. Nur wenn es Gott selbst beliebt, den Schleier zu lüften, geschieht dies als Offenbarung; gezieltes Sammeln von Wissen und wirtschaftliches Arbeiten mit dem Unbekannten als Quelle von Profit aber wird zum Daseinsmodus der handelnden Seefahrer.

Dazu tragen verschiedene Faktoren bei: Zunächst wird ein Zahlensystem eingeführt, das die Kalkulation erleichtert; auch die Null wird übernommen. Ab dem 16. und 17. Jahrhundert werden neue Kalkulations- und Tabellen-, aber auch stochastische Methoden entwickelt, die zudem den Prozess der Durchstaatlichung der Welt (vgl. Reinhard 1999) begünstigen. Die Einführung der Null ist für Kalkulationen wesentlich, weil ohne Null keine ausgeglichene Bilanz berechnet werden kann. Gleichfalls steht die Null aber für *Nichts,* das jedoch hat keinen Platz in der christlichen Vorstellungswelt. Denn von Gott geschaffen kann es ein Nichts nicht geben (im Mittelalter wird der Natur ein *horror vacui,* eine *Angst vor der Leere* zugeschrieben). Die Null fand ihren Weg aus Indien über den arabischen Raum, wo sie ‚Sifr' genannt wurde (unser heutiges Wort *Ziffer*), über das maurische Spanien nach Italien, wo Leonardo Fibonacci sie popularisierte (1202). Die Händler erkannten den Vorteil der Null und verwendeten sie fortan. Nicht nur die Mathematik, auch andere Wissenschaften profitierten davon, dass Universitäten sich der systematischen Erforschung mathematischer, aber auch anderer naturwissenschaftlichen Zusammenhänge zu widmen begannen und entwanden damit das Wissensmonopol den Klöstern. Auch erfolgte ein Wandel im Verständnis von Zeit, weg von einem zyklischen Verständnis, das den Jahreszeiten und der Wiederkehr der Sternbilder, Gezeiten und anderer Naturphänomene entlehnt war, hin zu einem Verständnis eine linearen Zeitablaufs, der es ermöglicht, die Zukunft als etwas linear aus der Gegenwart folgend zu denken (Kühn 2010, S. 113–119). Um Investitionen und Handlungen zur Gestaltung der Lebensumwelt vorzunehmen ist ein lineares Verständnis Bedingung, weil nur so Handlungen und deren Konsequenzen abgeschätzt werden können.

Die Entwicklung stationärer, also nicht selbst reisender Händler, die den Handel auslagerten, verhalf der Versicherung letztlich zum Durchbruch: Nur der Händler, der vor allem durch finanzielle Transaktionen handelt – Waren ankauft, Leute bezahlt, die sie verschiffen, sie weiterverkauft – bewegt Kapital in einem Ausmaß, das es erstens profitabel macht, mit geliehenem Geld zu arbeiten und der außerdem zweitens dieses Geld vermehren, weil zurückzahlen *muss*. Er verliert, anders als der reisende Händler, nicht sein Leben, wenn eine Ladung verloren geht, aber bliebe auf den Schulden sitzen. Die Option, sich gegen Verluste zu versichern, ermöglicht erst seine Tätigkeit. Die Drittpartei-Versicherung, also durch einen Versicherer, der am Handel selbst nicht beteiligt ist, erlaubt nun, Risiken finanziell abzusichern. Hier entwickelt sich, was vorher als Imaginarium beschrieben wurde: Was gedacht und imaginiert werden kann, dafür kann man auch eine Versicherung auflegen. Und was versichert wird, kann profitabel bewirtschaftet werden.

Um die Zinsanklage oder auch nur dem Verdacht zu entgehen, wurde der maritime Wechsel so abgewickelt:

> As the monies that the lender transferred to the borrower were repaid at the port of final call in local currency, there was no doubt that the transaction constituted a sale. The exchange rate between currencies was usually inflated in order to compensate for the ‚price' of the risks the lender incurred[7] (Lobo-Guerrero 2011, S. 29).

Zusammenfassend lässt sich sagen, dass die Versicherung Möglichkeiten eröffnet, neue Unternehmungen zu starten, insbesondere dann, wenn sie keine gegenseitige (mutual) ist, sondern ausgelagert die Versicherung auf der Basis von Kapital als eigenes Geschäft betreibt. So konnte Neues erkundet werden, basierend auf mathematischen Berechnungen von Risiken. Register und Informationsnetzwerke erlaubten, an relevante Informationen zu gelangen, und begünstigten die sich in der Ökonomisierung der

---

[7] „Da das Geld, das der Leihende vom Verleiher bekommen hatte, im Zielhafen in lokaler Währung zurückgezahlt wurde, bestand kein Zweifel, dass es sich um einen Verkauf handelte. Der Wechselkurs zwischen den Währungen wurde üblicherweise aufgebläht, um den Verleiher für das Risiko zu entschädigen" (eig. Übers.).

Gesellschaft etablierenden Methoden zur wissenschaftlichen Erfassung von ‚Wirklichkeit'. Keine Frage, dass die Auswirkung auf die folgende Entwicklung bis hin zu Industrialisierung und postmodernem Finanzkapitalismus anders verlaufen wäre, hätte sich die Kirche durchgesetzt und das Zinsverbot aufrechtzuerhalten vermocht.

Ein anderes Beispiel zeigt, wie im England des frühen 18. Jahrhunderts Lebensversicherungen relevant wurden, weil die Bindung von Besitz an Grund aufgelöst wurde. Indem das soziale Leben monetarisiert, das heißt Dienstleistungen handelbar, also *kommodifiziert* wurden, stieg die Nachfrage nach Lebensversicherungen. Die landbesitzlose, aber wohlhabende ‚Gentry' wollte sich versichern können, konnte aber kein Land als Gegenwert, als Sicherheit bieten. Insofern mussten Ansprüche vom Landbesitz abgekoppelt werden. Land war aufgrund der zu erwartenden landwirtschaftlichen Erträge beleihbar. Für die Versicherung der Menschen wurde vor allem die Kapazität des Staates relevant, dessen Besteuerung zur Grundlage für die Wertzumessung wurde. Die unternehmerische Mittelklasse schuf sich einen neuen Lebensstil zwischen den Armen und der landbesitzenden Klasse, den sie in Wohlstand absichern wollte. Garantien, die der Staat hinsichtlich Eigentum gab, waren Grundlage für einen Pool von Kapital, das für verschiedene Zwecke benutzt werden kann.[8]

---

[8]Lobo-Guerrero verweist auf eine weit verbreitete Wettaktivität, wobei sogar auf das Ableben anderer gewettet werden konnte (2011, S. 35).

Bürgerlichen Lebensversicherungen waren solche für Sklaven vorausgegangen, die allerdings als Fracht und Ware versichert wurden. Die neuen Lebensversicherungen machten von einem eventuellen Tod Betroffene, etwa Kinder und Ehefrauen, zu Nutznießern von Kompensation. Dadurch wurde ein bürgerlicher, städtischer Lebensstil als produktive Einheit kapitalisiert: Als Versicherungsprodukt wurde eine Lebensweise ein Gut wie andere auch. Zu diesem Zweck musste die Kommodifizierung schon einigermaßen weit fortgeschritten sein, weil Kapital vorhanden sein muss, um diese Art der Versicherung möglich zu machen. Gleichwohl ist dieser Prozess nicht abgeschlossen, und die Lebensversicherung ist ein weiterer Schritt hin zur Durchkapitalisierung des Lebens. Die Lebensversicherung ist hier also ein Beispiel, wie kapitalbasierte Risikokalkulation schrittweise die Leben von Individuen durchdringt und damit deren Verhalten als Gemeinwesen prägt. Die ‚Entdeckung' des Marktes als scheinbar naturgesetzmäßigem Mechanismus 1776 durch Adam Smith (2001), und die Umdeutung von Luxus von etwas Sündigem zu etwas, das den allgemeinen Wohlstand fördert durch die Moralphilosophen, etwa David Hume 1741 (1988, 2008) oder Adam Ferguson 1767 (1986), untermauerte das ökonomische Handeln in rationalem Eigeninteresse auch philosophisch.

Wirtschaftlich entwickelt sich in der Zeit ein Kapitalmarkt und erforderte die Besteuerung von mobilen Gütern. Die Bevölkerung musste erfasst werden, die vorher unbedeutend war, was eine neue Anforderung an den Staats stellte – gleichzeitig mussten die neu zu Wohlstand gekommenen bzw. ‚entlandeten' Mittelstandsakteure ihre

Position im Staat aushandeln. Sie versuchten, ihre Interessen einzubringen und durchzusetzen. Was ‚politische Arithmetik' genannt wurde, legte nahe, dass man die Gesellschaft mathematisch erfassen könne, um so Macht- und Produktivverteilungen im Staat zu regieren. Indem die Welt in Zahlen, Gewichte und Maße eingeteilt wurde, sollte eine rationale Entscheidung beim Regieren möglich werden. Die Rationalität des Handels, in England längst etabliert, migrierte in den Staat als Modus, den Staat zu führen und die Gesellschaft zu steuern. Als Illustration, was zu wissen wäre, sei hier Graunt's *Natural and Political Observations upon the Bills of Mortality* zitiert:

> 1. The number of the People? 2. How many Males, and Females? 3. How many Married, and single? 4. How many Teeming Women? 5. How Many of every Septenary, or Decad of years in age? 6. How many Fighting Men? 7. How much London is, and by what steps it hath increased? 8. In what time the housing is replenished after a Plague? 9. What proportion die of each general and perticular Casualties? 10. What years are Fruitfull, and Mortal, and in what Space, and Intervals, they follow each other? 11. In what proportion Men neglect the Orders of the Church, and Sects have increased? 12. The disproportion of Parishes? 13. Why the Burials in London exceed the Christenings, when the contrary is visible in the Country? (Graunt zitiert in Lobo-Guerrero 2011, S. 43).

Die Logik der unternehmerischen Praxis setzt sich in der Steuerung der Bevölkerung fest. Die Forderung, dass der Staat rational und ohne Ansehen der Person regieren, ein unparteiischer Staat sein soll, legt den Versuch nahe, nach Zahlen zu regieren, also nach statistisch erhobenem und bewertetem Wissen. Entscheidungen wurden also – so propagierten es die ökonomisch inspirierten Aufklärer – nicht nach politischem Kalkül und Gefühl, sondern nach rational nachprüfbaren und mit unbestechlichen Methoden gewonnen Informationen und Wissen getroffen. Dass freilich diese Objektivität nicht zu erreichen ist, schmälerte die Hoffnungen auf nicht-willkürliche, sachliche und überprüfbare Herrschaft nicht.

> Wie erfolgt der Wandel von Gefährlichkeit zu Risiko?
> Welche sozialen und wirtschaftlichen Umstände begünstigen die Entwicklung von Versicherungen in den italienischen Stadtstaaten?
> Inwiefern widerspricht das Konzept des Versicherns dem christlichen Weltbild?
> Welche Funktionen spalten sich in der Entwicklung nach und nach auf?
> Inwiefern kapitalisiert die Praxis der Versicherung das Leben?
> Was ist gemeint, wenn wir von Kommodifizierung reden?
> Inwiefern steht der Staat vor der neuen Herausforderung der Steuerung der Gesellschaft durch neue wirtschaftliche Formen und Änderungen im Lebensstil?

4

Risikokulturen

Einen anderen theoretischen Aspekt tragen Douglas und Wildavsky (1982; Douglas 1985) zum Risiko bei. Bisher wurden Gemeinsamkeiten des Risikos hervorgehoben, etwa wie Kategorien gebildet werden, wie sich Risiken auswirken und wie sie gehandhabt werden. Für Wildavsky und Douglas steht im Fokus, wie und warum verschiedene Gemeinschaften Risiken unterschiedlich verstehen. Sie argumentieren aus einer anthropologischen Sicht – bezogen auf Verhaltensweisen menschlicher Kollektive – und postulieren, dass es entgegen aller Versprechen der Statistik unmöglich ist, die Risiken der Zukunft zu kennen. Es sei ein kultureller Kraftakt, für Individuen wie Kollektive, zu handeln, als ob sich zukünftige Risiken kennen ließen.

Das erfordert, ohne wirklich belastbar zu wissen, wie und wo die Risiken liegen, zu *entscheiden,* also festzulegen, wo sie liegen. Gemeinwesen müssen sich politisch darüber verständigen, welche Risiken sie wie bewerten und welche Risiken sie vor anderen Risiken priorisieren. Wissen und Handeln sind also entkoppelt: Douglas und Wildavsky (1982, S. 27; auch Coker 2009, S. 2) stellen die Grundregel auf, dass wir mehr wissen, als wir mit Bezug auf Risiken umzusetzen in der Lage sind: Wir schaffen es immer nur, einen Teil dessen zu tun, was getan werden könnte, um einem Risiko zu begegnen. Das leuchtet ein, denn sobald die Wahrscheinlichkeit eines Risikos ein bisschen gesenkt worden ist, lohnt der Aufwand nicht mehr, den letzten verbleibenden Anteil an Risiko auch noch beheben zu wollen. Hinzu kommt, dass die Kosten, den letzten Rest zu beseitigen, unverhältnismäßig höher sind, als den relativ größeren Anteil zu mindern, der vorangeht. Ein Beispiel wäre, tödliche Autounfälle zu verringern: Die Todesrate nach Unfällen mag durch Sitzgurte von 1000 auf 10 sinken, bei relativ geringen Kosten. Um die verbleibenden tödlichen Fälle auch noch abzusenken, müssten bei steigendem Aufwand zusätzliche Maßnahmen ergriffen werden: Entweder muss vorgeschrieben und durch strikte Kontrollen durchgesetzt werden, dass alle statt 80 nur noch 60 km/h fahren dürfen. Auch könnten neben dem Sitzgurt auch noch eine vergrößerte und verbesserte Knautschzone und Airbags vorgeschrieben werden – was durch Entwicklung, teurere Herstellung, mehr Gewicht und damit gestiegenen Benzinverbrauch etc. zu relativ deutlich höheren Kosten führt.

Gesellschaften nehmen Risiken unterschiedlich wahr. Zum Beispiel halten viele Fliegen für riskanter als Autofahren, obwohl es gemessen an zurückgelegten Kilometern, die im Transportmittel verbrachte Zeit (da schon weniger), aber auch bezogen auf die transportierten Personen sicherer ist (Mueller 2005). Wenn das stimmt, wie können wir die kulturell bedingte, abweichende Risikowahrnehmung erklären? Hier kommt das Wissen ins Spiel: Mit der Wahrnehmung von Risiken steigt das Bedürfnis, diese zu verstehen und beherrschbar zu machen. Gemeinwesen setzen einiges daran, Wissen zu produzieren, mit dem Risiken vorbeugend oder kompensatorisch begegnet wird. Die Autoren schlagen vier Kategorien für Risiken vor, nämlich internationale Risiken, kriminelle, Umwelt- oder wirtschaftliche Risiken (Douglas und Wildavsky 1982, S. 2). Aufgeschlüsselt nach diesen Kategorien wird das Wissen für den Umgang damit geschaffen. Dummerweise bringt das Wissen jedoch mit sich, dass mit wachsender Kenntnis auch das Unbekannte besser erkennbar wird. Offen bleibt, welche Arten von Risiken (und in welcher Reihenfolge) für welche Gruppen von Menschen akzeptabel sind. Risikoakzeptanz nämlich speist sich aus den Werten und Anschauungen der Bevölkerung, die sich unterscheiden und in der Einschätzung von Risiken niederschlagen. Gesellschaften gehen zudem unterschiedlich mit dem Problem des Wissens bzw. vielmehr des Nichtwissens um. Sie können risikoavers alle Risiken vermeiden, die sie in ihrer Tragweite nicht absehen können – oder sie gehen Risiken ein (risikoaffin), bei denen sie mehr oder weniger wissen, wie groß die Tragweite ist. Oder sie gehen Risiken ein und nehmen in Kauf, dass sie die Konsequenzen nicht kennen. Die konkrete Form und Reichweite der Akzeptanz ist dabei gesellschaftlich umstritten.

Douglas und Wildavsky skizzieren deshalb in einer Matrix den Bezug von Wissen und Akzeptanz. Die x-Achse bildet die Unterscheidung ab, ob das Wissen gesichert ist, auf der die Risikokalkulation basiert, oder ob nur mehr oder weniger genau bekannt ist, dass etwas nicht und was nicht bekannt ist. Auf der y-Achse wird vermerkt, ob die Risikoeinschätzung umstritten ist oder ob es komplette Übereinstimmung in den Ansichten zum Risiko gibt. Bei gesichertem Wissen und Einigkeit (Feld 1) kann ein Problem durch technische Hilfsmittel gelöst werden; dann muss schlicht berechnet werden, wie nützliche Technologie beschaffen sein muss. Weitere Probleme stellen sich nicht (Abb. 4.1).

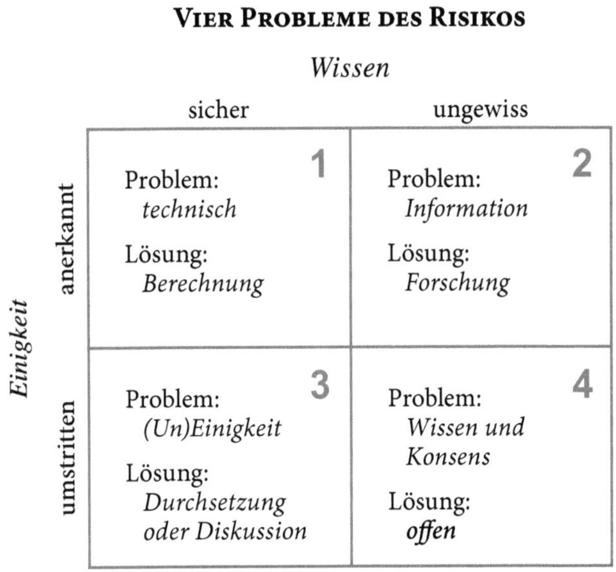

VIER PROBLEME DES RISIKOS

Wissen

		sicher	ungewiss
Einigkeit	anerkannt	Problem: 1 *technisch* Lösung: *Berechnung*	Problem: 2 *Information* Lösung: *Forschung*
	umstritten	Problem: 3 *(Un)Einigkeit* Lösung: *Durchsetzung oder Diskussion*	Problem: 4 *Wissen und Konsens* Lösung: ***offen***

Abb. 4.1 Matrix gesellschaftlicher Möglichkeiten im Umgang mit Risiken. (Nach Douglas und Wildawsky 1982, S. 5)

Wenn komplette Übereinstimmung herrscht, aber das Wissen unvollständig ist, mangelt es an Information (Feld 2). Durch Forschung kann dann Abhilfe geschaffen werden, und das Problem wandert vom Feld 2 ins Feld 1 (von rechts oben nach links oben). Schwieriger wird es, wenn es keine Übereinstimmung gibt, obwohl sicheres Wissen um ein Risiko vorhanden ist (Feld 3). Dann werden Machtressourcen relevant, weil entweder eine Gruppe die andere zwingt oder in Diskussionen die in ihrer Meinung abweichende Gruppe ‚auf Linie' bringt. Überzeugungsarbeit ist hier geboten, die nicht nur von der Richtigkeit einer Maßnahme ‚überzeugen', sondern Überzeugungen verändern soll. Angenommen es gäbe die Gewissheit, dass Genmanipulationen gefahrlos blieben, kann ein Dissens aus anderen, beispielsweise religiösen oder ethischen Gründen herrühren, etwa wenn eine Gruppe der Ansicht ist, dass Eingriffe in die Schöpfung grundsätzlich nicht erlaubt seien. Im letzten Fall (Feld 4), in dem weder Wissen vorhanden ist, noch Einigkeit herrscht, ist der Ausgang offen. Man kann sich nicht an einem der beiden Aspekte orientieren. Maßnahmen im Umgang mit Risiken bleiben arbiträr, also beliebig. Praktisch kann dann keine Entscheidung getroffen werden, und wenn doch eine getroffen wird, ist sie anfällig für Fehler, ständige Infragestellung und Spekulation. Sie läuft sogar Gefahr, am Risiko vorbeizugehen, also dem Problem im Kern nicht angemessen zu sein.

Die unterschiedliche Zumessung von Risiken ist kulturell bedingt. In manchen Kulturen balancieren sich Zutrauen und Furcht so aus, dass Menschen vor dem Sterben keine Angst haben, aber nicht ohne Ehre sterben wollen. Mancherorts ist die Vorstellung, dass jemand, die von einem Unglück betroffen ist, selbst daran schuld ist – etwa durch unmoralisches Verhalten –; in wieder anderen wird das Unglück einer höheren Macht zugeschrieben, das Opfer ist dann unschuldig. Hieran zeigt sich, dass nicht nur die Zuschreibung von Risiken, sondern auch die sozialen Folgen und der Umgang mit Risiken kulturell determiniert sind. Eine Kulturtheorie des Risikos muss diese Faktoren einbeziehen.

Dann wird sichtbar, wie die moralischen und Wertvorstellungen einer Gesellschaft die Risikowahrnehmung prägen. Schematisch gesprochen werden Risiken je nach Richtung und Intensität der moralischen Kritik ausgewählt. Die Autoren bringen Asbest als Beispiel, wobei eine grundlegende Kritik an der Industrie die konkrete Kritik verstärkt. Eine soziale Auseinandersetzung ist eingebettet in einen Kontext: Wenn Vorbehalte schon vorhanden sind, lässt sich die risikoinduzierte Kritik auf der Basis dieses Verständnisses leicht mobilisieren. Im Rahmen eines *confirmation bias* (der Einzelfall bestätigt das, was man ohnehin weiß) wird dann etwas als sehr riskant eingeschätzt, da der Industrie zugetraut wird, rücksichtslos Giftstoffe in die Umwelt zu lassen. Maßnahmen zur Regulierung von Asbest, seiner Verwendung und ggf. der Entschädigung von Opfern (Krebspatienten) sind wahrscheinlich. Risiko und moralisches Versagen hängen dabei eng zusammen.

Zweierlei theoretische Aspekte treten zutage: Erstens sind Risiken nicht objektivierbar, wie das andere Autoren zum Risiko vertreten. Sie hängen laut Douglas und Wildavsky stets von der kultur- und kontextspezifischen Risikozuschreibung ab, die selbst die ‚unbestechlichste‘

Statistik so interpretiert, dass sie nicht als wertfrei begriffen werden kann. Zweitens, ähnlich poststrukturalistischen Ideen, sind Risiken in dieser Perspektive mit einer bestimmten Art zu leben verknüpft, sodass sich mit den Lebensstilen auch die Risiken verändern. Während die wirtschaftliche Anpassung an Risiken für Ewald und Lobo-Guerrero die Kernfrage des Umgangs mit Risiken und Lebensstilen war, scheint hier durch, dass es keiner Vorentscheidung bedarf, Risiken allein als von der wirtschaftlichen Praxis bestimmt zu betrachten. Das widerspricht der Position Ewalds, demzufolge es ohne Versicherung kein Risiko gebe.[1] Douglas und Wildavsky hingegen halten Risiken durch Versicherung zu bewirtschaften nur für einen spezifischen kulturellen Weg, mit Risiken umzugehen. Dass es ein kapitalistisches Wirtschaftssystem ist, in dem die Versicherungslogik so relevant für das Leben wird, ist nur die Frage eines Lebensstils unter möglichen anderen.

Beim Beispiel mit der Industrie schwingt eine Unterstellung des Eigennutzes mit, die moralische Verwerfung liegt darin, den eigenen Nutzen höher zu stellen als den (potenziellen) Schaden der anderen. Das allein macht noch keine kulturelle Risikoanalyse aus. Ein kultureller Risikoansatz läge beispielsweise darin, die unterschiedlichen Rationale und Standpunkte zu verstehen, auf denen unterschiedliche Wahrnehmungen basieren. Die Werte der

---

[1]Dass sich Foucault-inspirierte Überlegungen vor allem auf westliche Kontexte zeigt sich auch theoretisch, denn ihnen fehlen alternative, beispielsweise kommunale oder religiöse Risikotechnologien.

Gesellschaft zu verstehen, nach denen Risiken zugeschrieben und gegen die Maßnahmen getroffen werden, gehört zur Analyse. Diese Frage ist nicht nur eine akademisch-analytische, sondern beinhaltet die fundamentale Frage nach der Gemeinsamkeit in einer Gesellschaft: An den Risikozuschreibungen kann man ablesen, was die Gesellschaft zusammenhält, welche Werte sie hoch einschätzt und für deren Erhaltung oder Ausweitung sie miteinander zu kooperieren bereit ist. Douglas und Wildavsky fragen deshalb „Auf welche Glaubenssätze und Werte würden die Mitglieder einer Gesellschaft sich zurückziehen, um glaubhafte und kohärente Institutionen für diese Gesellschaft zu gewährleisten?"

Wenn die Risikoauswahl und -zuschreibung von den Regeln der Gesellschaft, anders formuliert: von ihrer Kultur abhängt, dann lassen sich aus sich verändernden Risikozuschreibungen Veränderungen im Wertesystem ablesen. Gerade weil eine Verwissenschaftlichung des Risikos alle an der Risikodefinition Beteiligten auf eine argumentative Stufe stellt, argumentieren die Kulturtheoretiker, sei die Riskantheit des Risikos hoch umstritten: im konkurrierenden Wissen wird versucht, Risiken plausibel zu machen oder zu entkräften. Empirische, beweisbasierte und methodisierte Argumente sind gefragt (Spies 1993). So wird in den westlichen Gesellschaften die Technologie hinterfragt, weil trotz wachsender Technologisierung – Einzug von mehr Technik in alle Lebensbereiche – die Ungewissheit nicht verschwindet.

Der Grad an Modernität einer Gesellschaft – wie weit etwa Individualisierung, Rationalisierung, Kapitalisierung verwirklicht sind – entscheidet mit darüber, welche

Gegenstände als riskant, weniger oder nicht riskant gelten. Mit der Moderne geht nämlich die Wahrnehmung einher, dass der Mensch sein eigenes Subjekt ist (vgl. Abschn. 3.3). Mit der Subjektwerdung des Menschen, der Selbstverfügung unter der Idee der Freiheit – niemand darf über mich verfügen außer mir selbst – hält eine wichtige Unterscheidung Einzug. Ein Risiko, dass wissentlich eingegangen wird, ist positiv konnotiert, etwa als Abenteuer, wirtschaftlich als Unternehmertum. Ein Risiko, dem jemand ausgesetzt wird, ohne darauf Einfluss nehmen zu können, ist hingegen negativ konnotiert: Es verwandelt einen Menschen vom handelnden, selbstverantwortlichen Subjekt in ein Opfer, das passiv entgegennimmt, was ihr das Schicksal (oder etwa ‚die Industrie') beschert.

Damit beginnt ein komplizierter Abwägungsprozess: Bedenken wegen Luftverschmutzung kann man begegnen, indem man aufs Land zieht. Allerdings folgt die Entscheidung, in einer Stadt zu leben statt auf dem Land, selten einzig einer Risikoabwägung hinsichtlich Luftverschmutzung. In der Stadt zu leben entscheidet sich aufgrund eines ganzen Pakets von Vorteilen und Nachteilen sowie biografischen Prägungen oder Zufällen, die abgewogen und priorisiert werden. Das können soziale Beziehungen sein, Studien- oder Jobmöglichkeiten, die Schönheit oder die kulturelle Vielfalt einer Stadt, und so weiter. Um andere dieser Werte verwirklichen zu können, muss man in Kauf nehmen, in der Stadt einer gewissen Luftverschmutzung ausgesetzt zu sein. Risiken verstecken sich in anderen Erwägungen – und sind dann problematisch, wenn man ihnen ausgesetzt wird, ohne darum zu wissen. Risiken sind aber auch unumkehrbar. Einmal einem Risiko ausgesetzt, bleibt es – Umweltrisiken, Gifte zumal können sich erst Jahre nach dem ersten Kontakt auswirken. Individuen erhalten von der Gesellschaft keine Garantie, dass diese sie durch ihre Lebensweise nicht schädigt. Alle sind permanent Risiken ausgesetzt, aber alle produzieren auch permanent Risiken für andere – weit über das Beispiel Verkehrsunfall hinaus stellt die Art, wie wir leben, wie wir wirtschaften, wie wir konsumieren oder uns dem Konsum verweigern, eine Quelle von Risiken dar. Unsere Handlungen sind Quelle von Risiken für andere.

Die Gesellschaft braucht deshalb Mechanismen, mit diesen Risiken umzugehen. Vorbeugung und Kompensation sind denkbar – kulturtheoretisch argumentiert hält aber auch das Vertrauen die Gesellschaft zusammen. Unabhängig von Technologie ist das Vertrauen in die Richtigkeit des Verhaltens von Menschen maßgeblich für den Umgang mit Risiken. Wenn sich jemand beim Autofahren angemessen verhält und trotzdem einen Unfall hat, dann sprechen wir von Unglück oder höherer Gewalt. ‚Zur falschen Zeit am falschen Ort' wäre eine Formulierung, mit der das Unkalkulierbare ausgedrückt wird. Das Vertrauen besteht fort, dass es einen Normalzustand gibt, von dem wir eine Abweichung erlebt haben. Diese Normalität ist abhängig vom Wissen: Wir wissen heute, dass manches normal ist, was früher problematisiert wurde. Wir haben Erklärungen für die Abweichung.

Nach Douglas und Wildavsky illustriert dies Luftverschmutzung (1982, S. 37–39; 97–98). Die Verschmutzung wird als Abweichung zu einem konstruierten Normalzustand ohne Verschmutzung wahrgenommen. Risiken zuzuschreiben hängt aber davon ab, ob die Verschmutzung technisch als Abweichung von einem Normalzustand messbar ist, oder ob die Verschmutzung Ausdruck von Unreinheit ist, als unerwünschter Zustand demarkiert wird. Unreinheit zuzuschreiben ist ein Werteausdruck einer Gesellschaft – die Verschmutzung wird politisch, weil sie Instrument einer Auseinandersetzung innerhalb der Gesellschaft wird, wie der Zustand der Reinheit zu definieren ist. Verunreinigung ist im metaphorischen wie buchstäblichen Sinn eine Abweichung vom Ideal. Argumente der Verschmutzung sind deshalb Kontrollinstrumente. Wo die etablierten Machtzentren stark sind – also Vertrauen genießen –, können die Vertreter dieser zentralen Macht den Lauf der Dinge interpretieren. Natürlich ist dabei das, was als natürlich erklärt wird. Abweichung, die Warnung vor Verschmutzung und äußeren Störungen dieser natürlichen Ordnung stabilisieren die gesellschaftlichen Verhältnisse und die Machtbeziehungen darin.

Hervorzuheben ist Douglas' und Wildavskys Argument, dass die Mechanismen ‚primitiver Völker', Risiken zu erkennen, sich von jenen der ‚modernen' Menschen nicht unterscheiden. Kultureller Wandel bringt neue Interpretationsformen hervor. Neue Risikozuschreibungen etwa durch Umweltverschmutzung müssen deshalb als kollektive Konstruktion betrachtet werden. Eine Wertung nehmen die Handelnden in der Gesellschaft vor; die kulturell informierte Risikoanalyse muss diesen Prozess offenlegen, ohne eigene Wertvorstellung einzubringen. Dazu gehört, Widersprüche in der Risikoargumentation aufzudecken.

Etablierte Machtsysteme, deren Wahrheitsanspruch von den Rändern her infrage gestellt werden kann, fungieren dazu als Ansatzpunkt. Unklar ist jedoch, ob die Infragestellung einer Hierarchie mehr und besseres Wissen über das Risiko beizutragen vermag. Es herrscht das Klischee, dass das Zentrum nicht innovationsfähig ist und dass nur von den Rändern der Gesellschaft – gedacht als außerhalb der Gesellschaft stehend – erneuernde Impulse kommen können: Subkultur und Avantgarde, die zum Mainstream wird. Eine solche Außenseiterposition beschreibt die Menschen als schutzwürdige Schwächlinge – und spricht ihnen damit Agency ab, die Fähigkeit, politisch für sich selbst einzustehen. Zudem birgt eine grundlegende Misstrauensposition gegenüber dem Zentrum ein normatives Problem: wenn die Welt so schlecht ist, wie die Vertreter der Risikosicht meinen, warum sind dann gerade sie diejenigen, die in Lage sein sollten, das Problem zu beheben? Wenn die Welt seit Jahrhunderten einer Selbsttäuschung hinsichtlich der Risiken unterliegt, von denen die Menschheit bedroht ist, warum sind es dann genau diese Aktivisten, die just zu diesem Zeitpunkt den Schleier der Unwissenheit lüften (Douglas und Wildawsky 1982, S. 121–125)?

In letzter Konsequenz untergräbt diese Perspektive beinah jede Kritik. Dass es eine in sich statische Opposition zwischen Zentrum und Peripherie gebe, scheint sogar der Annahme zu widersprechen, dass sich verändernde kulturelle Normen und Praktiken auch neue Risiken – sprich: neue Risikowahrnehmungen – hervorbringen. Denn wenn diese Problematisierung von Risiken von den Rändern der Macht kommt, was nachvollziehbar ist, dann hieße das, dass die Ränder in die Mitte wandern, wenn sie mit ihren Risikowarnungen erfolgreich sind. Damit ist das

Modell so statisch nicht: Politische Akteure an den Rändern haben zumindest in offenen politischen Systemen die Möglichkeit, in die Mitte zu gelangen und Mehrheiten zu bekommen. Die Geschichte der ‚Grünen' und der Umweltbewegung wäre dafür ein Beispiel.

Wesentlich für eine Kulturtheorie des Risikos ist die Annahme, dass Wissen nicht gefestigt, sondern etwas sich permanent Veränderndes ist. Es geht also nicht darum, dauerhaft zu wissen, welche Risiken bestehen und wie sie bewältigt werden. Vielmehr wird die soziale Praxis des Umgangs mit Risiko mit neu entstehenden und in der Gesellschaft verhandelten Wissenssorten zusammenhängen. Dieses Wechselverhältnis – Risikodefinition und Wissen – entspringt kultureller Praxis und hat politische Folgen (Douglas und Wildavsky 1982, S. 67–72).

Sogar gesellschaftliche Hierarchien müssen ausgehandelt werden: Wenn sich Wissen wissenschaftlich erhärten lässt, dann wiegt das Wort von Experten mehr – die Laien haben ein Problem lediglich nicht verstanden. Risikozuschreibungen sind dann als falsch zu verstehen, wenn sie von Laien kommen, das Risikoempfinden von Laien wäre irrelevant. In der kulturellen Theorie ist es hingegen gleichermaßen ernst zu nehmen. Die Sicht auf die Rahmenbedingungen rückt die kulturelle Einbettung in den Mittelpunkt, die verschiedene Standpunkte gegenüber dem Risiko vertretbar erscheinen lässt und andere tabuisiert (Douglas und Wildavsky 1982, S. 177–185).

Das ist der Kern der Risikoüberlegung: Wie sollen Gemeinwesen mit Risiko umgehen? Wenn durch ein Risiko die Gesellschaft bedroht ist, dann spricht vieles für den abweichenden Blickwinkel, weil er für Vielfalt steht. Gesellschaftliche Systeme sind dann resilient, wenn sie Störungen verkraften, sich wieder zusammenfinden – selbst, wenn eine Gesellschaft eine Katastrophe erfährt, kann sie andere Routinen entwickeln und Ressourcen mobilisieren, um als Ganze weiter zu funktionieren. Das schließt ein, dass sich die Gesellschaft dadurch verändert – je uniformer eine Gesellschaft ist, je weniger pluralistisch, je weniger tolerant sie gegenüber abweichenden Meinungen (Risikowahrnehmungen) ist, desto größer ist der Schaden im Fall des Eintretens eines Risikos. Wenn die geistigen wie materiellen Ressourcen fehlen, einer solchen Katastrophe zu begegnen, ist ein Gemeinwesen nicht resilient. Resilienz, die Fähigkeit, nach Störungen wieder auf die Beine zu kommen und funktionsfähig zu werden, gehört deshalb zur kulturellen Analyse von Risiken. Die Frage von Nachhaltigkeit, im Umwelt- wie im Entwicklungsbereich, ist mit dem Problem der Resilienz eng verknüpft (vgl. Pospisil und Kühn 2016).

Abschließend lässt sich zum Risikobegriff sagen: Während die Foucaultianer das Risiko als spezifisch kapitalistische Form und Beck das Risiko als technologieinduziert betrachten, analysieren Douglas und Wildavsky die Praxis des Umgangs mit Risiko. Ihr Risikobegriff ist allerdings vergleichsweise undeterminiert: Risiko wird nicht immer klar von Gefahr oder Bedrohung unterschieden. Für eine ‚harte' wissenschaftliche Auseinandersetzung mag dies als Makel erscheinen, in der konkreten Analyse kann es einen Vorteil darstellen, um kulturellen Handlungen und Aushandlungsprozesse von Normen und Werten eines Gemeinwesens zu erfassen. Wichtig ist zu beachten, dass Risiken nicht objektivierbar sind. Wie wir das Wissen auch drehen und wenden, es kann nicht erhärtet werden. Das bedeutet aber nicht, dass es nicht einen erprobten und letztlich ausgehandelten Umgang mit Risiken gäbe, der in der Gesellschaft akzeptiert ist, praktiziert wird und in die Kultur eingeht. Wenn Risiken immer mit der Projektion der Gegenwart in die Zukunft zu tun haben, dann bestimmt und prägt der heutige Umgang mit Risiken, wie wir morgen Risiken wahrnehmen.

> Warum greifen Risikomaßnahmen immer zu kurz?
> Wie beeinflusst Vertrauen den Umgang mit Risiken in der Gesellschaft – welche Machtverhältnisse bilden sich in der Aushandlung von Normpositionen in der Gesellschaft ab?
> Inwiefern kann ein Risikodiskurs als Diskussion um die Festlegung eines gesellschaftlichen Normzustands interpretiert werden?
> Wie verhalten sich Risiko und Resilienz?
> In welchen Faktoren unterscheiden sich die Ansätze der Foucaultianer, der Risikorealisten und der Kulturtheoretiker des Risikos?

Teil II

Fallanalysen

5

Risiken und Krieg

Bis zur Aufklärung wurde Krieg wie eine Naturkatastrophe betrachtet, was aus unserer heutigen Sicht wirken muss wie ein Risiko, dessen Eintretenskriterien nicht oder nur vage definierbar sind. Erst mit der Vorstellung, dass durch Politik die Umwelt der Menschen (also auch ihre politische Umgebung) gestaltet werden kann, wird Krieg etwas Gemachtes, das sich folglich auch verhindern lässt. Was hier lässig klingt, ist ein fundamentaler Wandel im Verständnis der Welt: Krieg wird zu etwas, das Politik idealerweise verhüten soll. Wenn der Krieg *gedacht* werden kann, lassen sich aus der Vorstellung politische Maßnahmen ableiten, mit denen ein Krieg vermieden oder gegebenenfalls gewonnen werden kann. Indem ein Staat Entwicklungen in die Zukunft projiziert, kann er zu planen beginnen, wie in jedem Fall zu reagieren wäre.[1]

Erst, wenn die Menschen gedanklich vorbereitet sind, ihre Umgebung zu gestalten, wird Politik das ‚Wie' aushandeln müssen. Dann können – wie Risikokalküle auf die Zukunft schauen – auch strategische Entscheidungen, die sich in die Zukunft erstrecken, getroffen werden. Der ‚Security Turn', also eine Hinwendung zum Problem der Sicherheit, unter dem Politik beurteilt wird, hat massive Auswirkungen auf den Krieg und wie er geführt wird. Coker (2009), der in seiner Systematik u. a. von Beck inspiriert ist (vgl. Kap. 2), konstatiert eine Obsession mit der Sicherheit; diese hat sich verstärkt seit den Anschlägen des 11. September 2001 (vgl. Kap. 7). Innerhalb dieses Wandels zur Herstellung von Sicherheit spielt Kriegführung eine wesentliche Rolle (Kühn 2010).

Während früher, spätestens endend mit dem zweiten Golfkrieg nach Saddam Husseins Eroberung Kuwaits (1991), territoriale Gewinne zentral waren, wurden neuralgische Punkte von Infrastrukturen und ganz speziell Städte zu den zuvorderst sicherheitsrelevanten Einrichtungen. Dies liegt an der zurückgegangenen wirtschaftlichen Bedeutung des Landes, weil Urbanisierung mittlerweile einen Großteil der Menschen in den Städten konzentriert. Die größte Wertschöpfung wird längst nicht mehr in der Landwirtschaft abgewickelt, sondern in Produktion, Dienstleistungen und Finanztransaktionen in Städten. Städte in ihrer technischen wie sozialen Infrastruktur sind

---

[1]Die Vorgabe der Bundeswehr ‚Kämpfen können, um nicht kämpfen zu müssen' steht in dieser Logik (vgl. von Krause 2013).

komplex, sodass sie als Systeme anfällig sind. Deshalb werden sie Ziel von Hackerangriffen, die zunehmend nicht nur Server lahmlegen, sondern bei denen Hacker die Steuerung komplexer Infrastruktur übernehmen. In Film ‚Stirb langsam 4.0' (2007) schalten Saboteure in New York mit einem Mal alle Ampeln zentral auf ‚grün' – die Folge ist ein totales Verkehrschaos. Ein solches Szenario bei der Steuerung von Wasserwerken, der U-Bahn, oder der Leitsysteme für den Flugverkehr ist für Sicherheitsexperten ein Albtraum (vgl. Abschn. 2.2). All diese Ziele sind auch im Krieg relevant.

In indirekten Konfrontationen sind digitale Risiken zunehmend zentral. Digitale Angriffe wie beispielsweise durch *Stuxnet*, ein Virus, das dazu geführt hat, dass die iranischen Zentrifugen, die zur Anreicherung von Uran – mutmaßlich zum Bau einer Atombombe – gebraucht wurden, heiß liefen und sich dadurch selbst zerstörten, gelten als Zukunft staatlicher Kriegsführung (Langner 2013). Die Grenze zwischen digitaler und ‚altbacken'-analoger Welt der physischen Waffen ist dabei längst durchlässig. Aber auch die Vorstellung vom Krieg als direkter, gewalttätiger Auseinandersetzung hat sich in den letzten 25 Jahren massiv gewandelt. Wer nicht zufällig jemanden kennt, der oder die in Afghanistan war, könnte in den letzten 15 Jahren in Deutschland gelebt haben, ohne zu wissen, dass Deutschland de facto im Krieg stand. Ob der Einsatz in Afghanistan ein Kriegseinsatz war und ob er das von Anfang an war, ist umstritten. Obwohl dort die Opferzahlen an eigenen Soldaten viel höher waren, erschien es auch in den USA für viele so, dass sie ‚im Frieden' lebten. Das ist angesichts der Kriege in Afghanistan und im Irak, in Libyen und zumindest zeitweisen Einsätzen wie in Mali oder der Zentralafrikanischen Republik recht erstaunlich. Was also ist passiert mit der Wahrnehmung des Krieges in den Gesellschaften des Westens?

Während die Angst vor Risiken wächst, was nicht von der Wirklichkeit hinsichtlich Krankheiten, Giften oder Verschmutzung abgedeckt ist, hat der Krieg den Schrecken, der noch bis vor wenigen Jahren von ihm ausgegangen ist, in der westlichen Welt weitgehend verloren (Coker 2009, S. 65–67). Wie lässt sich das erklären?

Die wesentlichen Gefahren, die die Menschheit beschäftigt haben, sind in den westlichen Ländern verschwunden – wir brauchen uns nicht wesentlich vor Krankheiten fürchten, es sei denn vor solchen, die mit gestiegener Lebenserwartung wahrscheinlicher werden (Renn 2014, S. 132). Das heißt, Menschen werden Opfer von Krankheiten, die sie bis vor einigen Generationen gar nicht erlebt hätten. Ähnliches gilt für Hunger: Die westlichen Bevölkerungen sind in der historisch einmaligen Situation – bezogen nicht auf die letzten hundert, sondern hunderttausend Jahre –, dass sie nicht von Hunger, sondern vom Gegenteil bedroht sind: Adipositas, also extremes Übergewicht, fordert durch Herz-Kreislaufkrankheiten oder Krebserkrankungen in den westlichen Ländern mehr Todesopfer als der Hunger. Selbst der große Krieg, bis zum Ende der 1980er Jahre im Ost-West-Konflikt ein nicht auszuschließendes Szenario, ist aus unserer Wahrnehmung weitgehend verschwunden. Mit diesen Bedrohungen ist auch die strategische Ambition weitgehend abhandengekommen; denn der Krieg, alle Kriege zu beenden, also eine Weltordnung in Kraft zu setzen, die auf Krieg verzichten kann, befindet sich in keinem politischen Repertoire mehr. Stattdessen ist eine Relegitimierung des Krieges zu beobachten (Shaw 2002). Diese Kriege werden als Risikomanagementkriege geführt.

Was meint Risikomanagementkriege? Eingangs wurde der zweite Golfkrieg erwähnt. Saddam Hussein hatte versucht, seinen Anteil der damals zugreifbaren Ölreserven zu vergrößern und dazu Kuwait besetzt. Eine breite, völkerrechtlich umfänglich mandatierte und von den USA geführte Koalition machte diese Annexion militärisch rückgängig. Dieser Krieg 1991 festigte eine staatliche Weltordnung, in der Grenzverschiebungen oder Änderungen im politischen Regime durch militärische Maßnahmen nicht geduldet wurden. Die USA befreiten nicht nur Kuwait, sondern sie rückten auch noch weit in den Irak hinein – aber sie stoppten kurz vor Bagdad. Einerseits war der Regimewechsel nicht mandatiert, andererseits gab es ungesicherte Informationen, dass Saddam Hussein doch über vielleicht nur einen atomaren Sprengkopf verfügte. Das Risiko, dass er in einem apokalyptischen Untergangsszenario eine solche Bombe zünden könnte und viele amerikanische Soldaten mitrisse, wird mitunter als wesentlicher Grund dafür angeführt, dass die Kampagne damals ohne Eroberung Bagdads endete (Ricks 2006, S. 5–6; Coker 2009, S. 4–8). Ob das stimmt oder nicht: Weil Hussein noch an der Macht war, blieb er ein Risiko für die Region und für die Energiesicherheit, sodass die USA in der Region verblieben. Sie richteten einerseits Flugverbotszonen im Süden und im Norden ein, wo Hussein Kurden und Schiiten verfolgte, die einen Aufstand gegen ihn versucht hatten. Die Flugverbotszone diente einerseits dem Schutz der kurdischen Bevölkerung, andererseits aber auch der Rechtfertigung der militärischen Präsenz sowie der Möglichkeit, genau zu beobachten, was in der Region militärisch und politisch passierte (Coker 2009, S. 9).

Hier liegt der Ursprungsmythos von Al Qaida: Während das Haus Saud in Saudi-Arabien zu seiner Legitimation zählt, die heiligen Stätten in Medina und Mekka zu schützen, waren nun Amerikaner dauerhaft auf der arabischen Halbinsel stationiert. In den Augen der Islamisten hatte das Königshaus dadurch seine Legitimation verloren – im Westen oft übersehen bekämpft Al Qaida nicht nur die USA, sondern auch das saudische Königshaus. Das verweist uns auf Ulrich Becks Überlegungen, dass nicht nur technologische, sondern auch politische Entscheidungen Folgen haben, die nicht vorher kalkuliert waren. Noch konkreter: indem die USA versuchten, die Risiken zu managen, die von Saddam Hussein ausgingen, schufen sie neue Risiken in Form einer erstarkenden Opposition gegen diese Form der Weltordnungspolitik, die sich in Widerstand und Terrorismus ausdrücke. Risiken lassen sich, wie sich an diesem Beispiel illustrieren lässt, historisch in ihrer Abfolge analysieren und deuten:

Die Risikopolitik gegenüber dem Irak in den 1990er Jahren führt zu 9/11; der Terrorismus führt wiederum nach Bagdad und die Entscheidung der Bush-jr. Administration, Saddam Hussein durch sogenannten Regimewechsel zu beseitigen, um das Risiko zu managen, dass dieser Massenvernichtungswaffen an Terroristen weitergeben und so das Risiko auf der Seite der Schadenshöhe maximieren könnte (vgl. Ehrhart et al. 2015, S. 85). Die gescheiterte

Befriedung des Irak nach 2003 ist die Vorgeschichte für den Erfolg von Daesh (Islamischer Staat – IS), der nun mit Luftangriffen bekämpft wird, was unter anderem die USA und Saudi-Arabien sowie Russland und den Iran gegeneinander positioniert.

Christopher Daases Überlegungen (vgl. Abschn. 2.2) beziehen sich auf die Maßnahmen, die zu treffen wären (vgl. Ehrhart und Neuneck 2015), weniger auf die Mechanismen, wie die Risiken entstehen beziehungsweise wie sie verstanden werden. Kennzeichnend für die Kriege seit 1990 ist, dass sie seitens der westlichen Staaten so geführt wurden, dass kaum eigene Soldaten ums Leben gekommen sind. Die sogenannte Revolution in Military Affairs, eine sich intensivierende Technologisierung der Kriegsführung, war dafür Bedingung. Laser-geleitete Raketen bestimmten das Bild im zweiten Golfkrieg, die Wahrnehmung des Krieges war wesentlich visuell beeinflusst: im Fernsehen war in grünlichen Aufnahmen zu sehen, wie Ziele ins Visier kamen und treffgenau pulverisiert wurden. Was diese Gebäude waren oder was der militärische Zweck dieser Zerstörung war, ließ sich nicht erkennen – was zählte war die Imagination, dass sich der Krieg genauestens steuern ließ (Coker 2009, S. 122). Einerseits war diese Kriegsführung der Bevölkerung im Westen leichter zu vermitteln als Flächenbombardements, wie sie noch in Vietnam und Kambodscha erfolgten. Zivilisten zu schonen wird zum Imperativ in einem Krieg, in dem die gedankliche Trennung von armer, unterdrückter Bevölkerung und bösem, unterdrückerischem Regime Dreh- und Angelpunkt der

Legitimation ist.[2] Dieses Argument erhält zusätzliche Bedeutung, wenn – wie im 2003er Krieg gegen Saddam Hussein oder im Krieg gegen die Taliban ab 2001 – die Menschenrechte, die Befreiung der Bevölkerung Bestandteil der Begründung für den Krieg wird (Holland und Aaronson 2014).

Technologisierung des Militärs führt zu immer mehr Abstand zwischen den kriegführenden Parteien, und steht der Politik im Weg, weil die Trennung von militärischen Kräften von der Bevölkerung, für deren Befreiung oder Sicherheit der Einsatz ja angeblich stattfindet, dazu führt, dass die politischen Prozesse in der Gesellschaft nicht wahrgenommen werden. Auch entfernt sie das Konfliktgeschehen von seiner Ursache. Das bedeutet, dass man zwar den Krieg, aber nicht den Frieden gewinnen kann – anders formuliert: Einen Gegner wie Saddam Hussein kann man aus dem Amt bomben, aber eine gesellschaftliche Ordnung, ein Herrschaftssystem ist so nicht zu erzwingen. Mit militärischen Mitteln des Risikomanagements (Sicherheitsrisiken, die von Saddam Hussein ausgehen) sind die politischen Verhältnisse nicht zu ändern, aus denen diese Risiken hervorgehen (Kühn 2013). Im Einklang mit Becks Überlegungen, dass die Bearbeitung von Risiken neue Risiken hervorbringt, gebar die Eindämmung des Risikos ‚Massenvernichtungswaffen' aus den Händen Saddam Husseins weitere Risiken, so die regionale Destabilisierung staatlicher Herrschaft, geopolitische Neuordnung der Einflussbereiche Saudi-Arabiens, des Iran, der Türkei und Syriens (wie sich an den Kriegsschauplätzen in Syrien/Irak – Daesh, aber auch im Jemen zeigt).

---

[2]Zu beachten sind aber zunehmende Angriffe auf medizinische Einrichtungen, die dem humanitären Völkerrecht zuwiderlaufen und es praktisch untergraben.

Wie versucht wird, die Risiken zu managen, illustriert die zugrunde liegende Risikowahrnehmung: die Bemühungen, eigene Verluste zu minimieren, sollen das politische Risiko westlicher Regierungen minimieren. Die Annahme ist, dass Bevölkerungen ihrer Regierung die Unterstützung versagen, wenn Soldaten in sogenannten *body bags,* also tot aus Kriegsgebieten zurückkommen. Das Risiko ihres politischen Scheiterns vermindern Regierungen dadurch, dass sie versuchen, nur solche Kriege zu führen, bei denen wenig eigene Soldaten zu Schaden kommen. Damit aber erhöhen sie das Risiko für Zivilisten, die beschönigend als sogenannte Kollateralschäden betroffen sind. Kollateralschäden sind nichts anderes als doch nicht so präziser Beschuss, bei dem nicht Kombattanten, die laut Kriegsvölkerrecht angegriffen werden dürfen – das ist der ganze Zweck des Krieges! –, sondern Unbeteiligte getötet werden. Im Versuch, das eigene Risiko zu minimieren, wird also das Risiko anderer erhöht, die aber auf diese Entscheidung keinen Einfluss nehmen können. Dies legt nahe, dass allen Beteuerungen zum Trotz ein westliches Leben höher gewertet wird als ein afghanisches oder irakisches (Shaw 2002, S. 355). Die Praxis der Überwachung und gelegentlichen Tötung von mutmaßlichen Terroristen oder Aufständischen durch Drohnen ist eine Verschärfung dieser Praxis, die ganze Bevölkerungen mit in Kampfhandlungen einbezieht, vor denen sie doch eigentlich geschützt werden sollten.

Diese Art der Kriegführung folgt dem gängigen Modus der Risikobewirtschaftung. Versicherungen erzielen marginale Vorteile durch Bündelung und Diversifizierung von

Risiken. Durch Verringerung von Eintrittswahrscheinlichkeiten können sogar noch Gegenstände versichert werden, deren Risikoprämie ansonsten nicht zu berechnen wäre. Dieser Effizienzgedanke schlägt sich – paradoxerweise – in immer kleineren Einheiten im Militär nieder. Das heißt, dass unter der Begrenzung von Ressourceneinsatz eine Strukturreform im Militär stattgefunden hat, sodass militärisches Handeln von immer weniger Personal durchgeführt werden kann. Immer mehr Aspekte der Kriegsführung werden automatisiert von Computern übernommen, die nicht schlafen müssen und die auch kein post-traumatisches Stresssymptom durch ihre Arbeit erleiden. Taktisch führt das zum Einsatz kleiner, hoch technologisierter Einheiten, die in Allianzen mit hilfreichen (oder nicht so hilfreichen) anderen Gewaltakteuren arbeiten. In Afghanistan waren das wenige, mit Lasermarkern ausgestattete Spezialkräfte, die mit den Lasern Ziele markierten, die dann aus großer Höhe bombardiert wurden. Die Koalitionen mit Warlords und Milizen, die oft ad hoc geschlossen wurden, haben zwar ermöglicht, die Taliban zu vertreiben, weil diese vor der überlegenen Feuerkraft von oben zurückwichen. Aber sie konnten keine politische Allianz schmieden, die gehalten hätte – auch hier führt die Kriegsführung unter Risikomanagement zu nächsten Risiken, die im Fall Afghanistans in einer Rückkehr der und Subversion der politischen Arrangements durch die Taliban liegen.

Die politischen Kosten des Krieges wachsen dadurch langfristig. Indem Teilsysteme einbezogen werden, deren Erwartung friktionsfreier Funktion Voraussetzung für ihre Produktivität ist (Bsp. Finanzmärkte), steigt insgesamt die Komplexität. Das erfordert, Folgen vorauszubedenken.

So entsteht ein Zwang zur Sicherheit: Generälen und Politik wird vorgeworfen, ihre Soldaten zu gefährden, sofern sie nicht alles zu deren Schutz tun (vgl. BMVg 2016, S. 126–127). Auch massive Schutzvorrichtungen, die nicht nur Militär, sondern auch Botschaften oder Hilfsorganisationen in sogenannten Krisenländern umfrieden, zeigen das (vgl. Kap. 6). Gleichzeitig operieren Risikokriege schon aufgrund ihrer Komplexität mit geringem Einsatz. Das heißt, mit möglichst wenig und spezialisierten Kräften zu operieren, aber auch Raum zu schaffen für den Bereich, den Militär definitionsgemäß nicht bestellen kann: Die Politik.

Eine entscheidende Schlacht nämlich bleibt aus, weil sie gar nicht möglich ist: Kleine, taktische Gewinne summieren sich nicht automatisch zu einem strategischen Sieg. Deshalb setzt sich das Risikomanagement fort (Coker 2009, S. 171–172). Ins reale Geschehen übersetzt kann man Saddam Hussein von der Macht entfernen, die Taliban aus Kabul vertreiben, aber militärisch nicht verhindern dass sie wieder einsickern, eine Guerillastrategie einschlagen und über Zeit die sich bietenden Gelegenheiten nutzen, um die Interventionsmacht zu zermürben. Zeit, das ist eine der wesentlichen Lehren schon aus den Überlegungen zum substaatlichen Krieg von Mao bis Ché Guevara, ist auf der Seite der eigentlich schwächeren Partei. Die stärkere Partei verliert, wenn sie nicht gewinnt, die Schwächere gewinnt, wenn sie nicht verliert (Daase 1999; Mao Tse-Tung 1966). In der funktionalen Ausdifferenzierung ist jedes Teilsystem (zum Beispiel Militär) von konvergierenden, also zusammenwirkenden anderen Systemen abhängig: Wenn die Wirtschaft lahmt, ist Kriegführung nicht mehr zu finanzieren.

Zusammenfassend ist festzuhalten, dass das Risikoparadigma im Krieg einerseits technologischen Fortschritt impliziert, weil die Technisierung vorangetrieben wird. Die jüngsten Entwicklungen von Drohnen und Computerkriegführung sind nur das vorläufige Ende einer langen Geschichte. Trotzdem können komplexe Systeme, wie sie militärische Missionen darstellen, mit einfachen Mitteln untergraben werden. Die Schwachstelle solcher Missionen finden taktisch unterlegene Gegner, die nicht nur die Zeit beeinflussen, sondern vor allem auch den Raum besser zu nutzen wissen. Der Krieg in Afghanistan war dafür ein illustratives Beispiel. Andererseits verschmilzt unter dem Risikoparadigma die Funktionsweise des Krieges mit jener der Gesellschaft. Das beginnt bei dem Verzicht auf Mobilisierung, das heißt, es gibt keine breite Mobilmachung, der Krieg erfasst also nicht die Gesellschaft in ihrer ganzen Breite. Der Krieg ist funktional ausdifferenziert wie in anderen Bereichen, etwa der Wirtschaft, auch. Die Spezialisierung der Soldaten macht sich dabei das Wohlstandsgefälle zunutze: das Risiko wird auf jene übertragen, die ökonomisch wenig Alternativen haben (oder selbst risikoaffin sind).

Dass in Großbritannien die Rekrutierungszentren der Armee und Navy direkt neben jenen der Arbeitsagenturen liegen, ist wohl genauso wenig Zufall wie die Kooperation des US-Militärs mit Schulen, die in Problemvierteln liegen und von Gewalt und sozialer Verwahrlosung geprägt sind. In solchen Fällen kann die militärische Führung übernehmen, erzwingt Disziplin – immer mit dem rechtfertigenden Argument, dass die Schüler dadurch eine Perspektive bekommen – und beginnt schon weit vor dem wehrfähigen Alter (ein anachronistischer Begriff) mit militärischer

Ausbildung. So wird ein bruchloser Übergang in die Armee ermöglicht. Der Krieg wird – weil von ihm ein politisches Risiko ausgeht – von der breiten Bevölkerung ferngehalten, verschwindet aus den Mainstream-Schichten der Bevölkerung. Umso schwerer tun sich Gesellschaften, wenn sie mit Rückkehrern konfrontiert sind, die sich nicht einfach wieder eingliedern (lassen).

Coker begründet, wie der Krieg Bestandteil einer zunehmend komplexer werdenden Verflechtung der Welt wird (2009, S. 39; S. 50). Die Einbettung des Krieges in die Gesellschaft ist dafür zentral. Der große Krieg von Staaten gegeneinander ist immer seltener zu beobachten – der zweite Golfkrieg war wahrscheinlich der letzte, der sich eindeutig dieser Kategorie zuordnen lässt. Aber das Gewaltgeschehen, kriegerische Auseinandersetzungen sind nicht weniger geworden. Mit steigender Komplexität ist offenbar der Krieg selbst nicht mehr auf einen kleinen Nenner zu bringen – im Krieg werden viele kleine Fragen ausgehandelt. Diese haben Auswirkungen auf andere Fragen, und so beobachten wir mit Schrecken, wie sich der Krieg im Verlauf immer weiter von seinem Zweck entfernt und entfremdet. Warum noch mal war Deutschland in Afghanistan, warum die USA im Irak?

Wachsende Komplexität bindet verschiedene soziale Dynamiken aneinander. Politische Bewegungen vernetzen sich und machen Gebrauch von Kapitalströmen und der Möglichkeit, über das Internet Gleichgesinnte zu rekrutieren, Spenden einzuwerben und die Wahrnehmung von Konflikten durch Propaganda zu beeinflussen. Durch die digitale Revolution liegt die Propaganda nicht mehr in staatlicher Hand – einst konnten Staaten Zeitungen zensieren, später dann Radiosender oder das Fernsehen kontrollieren. Selbst der ‚embedded journalism' der 2000er Jahre liegt noch in diesem Zusammenhang. Staaten führen heute Kriege nicht um Territorium. Nicht nur ist die Bedeutung von Territorium für die Produktion von Nahrungsmitteln zur Versorgung der Bevölkerung nachrangig geworden (was selbst Ergebnis rationalisierter und maschinisierter Landwirtschaft ist). Auch wurden kriegerische Auseinandersetzungen, also organisierte, politische Gewalt, vorrangig Ausdruck von politischem Risikomanagement. Der Zerfall der staatlichen Ordnung – im weitesten Sinn des internationalen Systems – soll verhindert, Folgen von Gewalt eingedämmt werden (vgl. Kahl 2011).

Dazu gehört neben den humanitären Problemen, die Gewalt aufwirft, die Vernetzung aufrecht –, also die Kommunikations- und Handelsströme zu erhalten, von denen das komplexe System abhängt. Die Erkenntnis, dass das komplexe System Risiken durch die Globalisierung ausgesetzt ist, aber auch durch die Art, wie die Weltgesellschaft wirtschaftet, impliziert eine Politik, die Risiken meidet. Die strategische Projektionsfähigkeit von Staaten schwindet dadurch im Konfliktfall und prägt, wie im Zweifel die militärische Konfrontation geführt wird (Coker 2009, S. 69–71). Dass die vorhandenen Möglichkeiten auf ihre Folgen hin durchdacht werden, dass die Reflexivität (Abschn. 2.2) des Risikobewusstseins die Bereitschaft beeinflusst, eines einzugehen, ist ein logischer Zusammenhang. Wenn wir uns Becks Überlegungen des ‚wissenschaftlichen Unwissens' in Erinnerung rufen, sehen wir hier ein Beispiel, wie trotz hoher Spezialisierung (in militärischer, aber auch in politischer Hinsicht) der Schatten der Ungewissheit über den zu treffenden Entscheidungen hängt (vgl. Bonß 1995).

Rückgebunden an die Überlegungen von Douglas und Wildavsky, die konstatieren, dass Vertrauen wesentlich ist für die Definition von Risiken, so scheint das Vertrauen in den Fortschritt und die Verbesserungsfähigkeit der Welt im Zeitalter der Furcht zu schwinden. Die Furcht vor den komplexen Folgen einmal getroffener Entscheidungen zeigt sich in der Art, wie Konflikte ausgetragen und wie sie politisch bearbeitet werden. Auf eine Art verliert der Krieg dadurch seinen Schrecken, er wird einzuhegen und mit wissenschaftlichen Methoden beherrschbar zu machen versucht; auf eine andere Art wird der Krieg damit zum Normalzustand, weil nicht zu erwarten, ja nicht mal zu hoffen ist, dass er verschwinden wird.

> In welchen Aspekten zeigen sich die Auswirkungen des Risikobewusstseins in der Kriegführung? Warum werden Kriege zunehmend risikoavers geführt?
> Wie können wir internationale Risikopolitik definieren und wo finden wir Überschneidungen zwischen innerstaatlichen Risikoeffekten und denen auf internationaler Ebene?
> Welche treibenden Kräfte sind zu identifizieren, wenn Kriegführung als Risikomanagement betrieben wird?
> Wie verhalten sich Komplexität, Geschwindigkeit und Kriegführung zueinander?
> Inwiefern geht die Technologisierung des Krieges einher mit gesellschaftlicher Segmentierung?

6

Entwicklungspolitik als Risikopolitik?

In den letzten Jahren zeigten verschmelzende sicherheits- und entwicklungspolitische Interventionen, welche Rolle die letztere in der expansiven Ordnungspolitik westlicher Staaten spielt. Parallel zu dieser Politisierung (Pospisil 2009, Kühn 2010) verläuft auch eine wachsende Risikoaufmerksamkeit, die solche Interventionen nicht nur in der Form, sondern auch in der Funktion beeinflussen – manche würden sagen: beeinträchtigen. Mark Duffield, dessen Ideen hier im Mittelpunkt stehen und der freundlicherweise die illustrierenden Bilder zur Verfügung gestellt hat, und Lisa Smirls Arbeit (2015, vgl. auch Heathershaw 2016a, b; Bliesemann de Guevara 2016, Kühn 2016) beschäftigen sich mit den Lebensumständen von Interventionspersonal. Sie rekonstruieren dessen Sicht auf die Welt und wie ihre Arbeit von seinen Lebensumständen in einem Missionsland geprägt wird, von Transportmitteln, die sie benutzen und woher das Wissen kommt, das ihrer Arbeit zugrunde liegt. Ihr Handeln findet nicht im Vakuum statt, es hat gesellschaftliche Auswirkungen, und es ist zunehmend von Risikoabwägungen beinflusst. Sie stellen die Frage, was eigentlich Menschen denken und tun, die an Interventionen beteiligt sind, ob es sich dabei um humanitäre oder Regimewechselinterventionen handelt.

Im Zentrum dieses Kapitels steht deshalb, wie Risikokalküle das Handeln in Interventionen beeinflussen und welche Wahrnehmungen sich bei den Betroffenen durchsetzen, wie und mit welcher Konsequenz sich die Organisationsformen internationaler Hilfs- und Entwicklungsmaßnahmen verändert haben.

Duffield definiert die ‚Hilfsindustrie' (‚aid industry', vgl. auch de Haan 2009) als Konglomerat von Regierungen, Nichtregierungs- (NGOs) und internationalen Regierungsorganisationen (INGOs) ebenso wie philanthropischen Vereinigungen, die sich engagieren, um die Lebensbedingungen von Menschen zu verbessern. Sie agieren in den Ländern, in denen sie zum Einsatz kommen, in jedem Fall aufgrund einer politischen Entscheidung, sei es von Regierungen oder den Gebern, mit einer ausgeprägten Souveränität. Sie verfügen über eine hohe Autonomie, sind weitgehend unabhängig von den politischen Dynamiken der Gesellschaften vor Ort. Diese Vorstellung wird im Folgenden hinterfragt. So wie oben vom ‚security turn', der Hinwendung zu Themen der Sicherheit, gesprochen wurde, ist Duffield hier Teil eines ‚material turns', der die Materialität, also die physische Existenz von Gegenständen in ihrer politischen Bedeutung problematisiert. In sozialwissenschaftlichen Analysen wurden ‚Dinge' selten thematisiert: sie sind unbelebt und haben deshalb keinen politischen Gehalt, keine Agency. Die materielle Wirklichkeit beeinflusst aber menschliches Handeln. Das wird nachvollziehbar, wenn man sich vorstellt, vor einem Zaun zu stehen und dahinter ein Ziel zu sehen; es zeigt sich für alle, die an der U-Bahn den falschen Aufgang nehmen; die Aussicht von der Dachterrasse eines Hochhauses oder Fernsehturms illustriert eindrucksvoll, wie die gebaute Umgebung den Blickwinkel beeinflusst. Etwas konkreter formuliert: In welchem räumlichen Kontext eine soziale Praxis stattfindet, ist nicht egal.

Der Hilfscompound ist für Duffield ein materieller Ausdruck für die Arbeitsweise der Hilfsindustrie, die ihre Autonomie in politischer, wirtschaftlicher, sozialer und kultureller Hinsicht durch Abschottung ausdrückt (2010, S. 454–455). Darin zeigt sich Macht, die hinter der Hilfsindustrie steckt und die Souveränität, die freilich keine Souveränität ist, wie sie Staaten idealtypisch haben. Grundsätzlich wird zwischen *de jure* und *de facto*-Souveränität unterschieden: während viele Staaten *de jure* Souveränität besitzen, die aber *de facto* eingeschränkt ist, ist es bei der Hilfsindustrie umgekehrt. Indem die Hilfsindustrie irgendwo eine Mission unternimmt, begibt sie sich in einen sozialen Raum, in dem sie Effekte hervorruft, die ihr selbst nicht bewusst sind. Das Selbstverständnis der Helfer, ihre Subjektivität, prägt eine besondere Form des Verhaltens und des Lebensstils, die sich wiederum aus der konkreten Situation ergeben, in der sie sich befinden. Darin wird die eigene Position als außenstehend, neutral und in die Konflikte nicht verwickelt konstruiert. Mit einem in den letzten Jahren gewachsenen

Bedrohungsgefühl wuchsen auch Überlegungen, wie ein Compound, also eine befestigte Siedlung von Mitarbeitern von Missionen, also meist internationale Mitarbeiter staatlicher und Nichtregierungs-Hilfsorganisationen beschaffen sein muss, jedoch kein Bewusstsein darüber, wie das auf andere wirkt (Smirl 2015, S. 68–79).

Die Architektur und die Maßnahmen, die das Leben der Mitarbeiter strukturieren und häufig strikt vorgeben, waren zunehmend von Risikoerwägungen beeinflusst. Lisa Smirl zeigt (2015, S. 47–58), dass die tatsächlichen Zahlen nicht angestiegen bzw. dass die Angegriffenen fast immer einheimische Mitarbeiter und nicht die internationalen sind; ein beobachtbarer Anstieg, beispielsweise für die Jahre 2006–2009, resultiert aus nur drei Orten, wo die Zahlen überproportional angestiegen seien – insgesamt seien diese nämlich zurückgegangen. Nur im Sudan (Darfur), Afghanistan und Somalia stieg die Zahl der Übergriffe. Was heißt das für andere Länder, in denen die Vereinten Nationen tätig sind? Wesentlich ist dafür die Interpretation der Daten: während Hilfsmissionen im UN-Kontext zunehmend als Sicherheitsproblem verstanden wurden und mit diesem Verständnis das Bedrohungsgefühl der betroffenen Missionsmitarbeiter wuchs, ist kein genereller, Kontext übergreifender oder sich intensivierender Trend zur Gewalt festzustellen. Dem stehen verallgemeinernde Sicherheitsroutinen statt individueller Risiko-Abschätzung durch Personal vor Ort gegenüber, was die Sicherheitsfrage dekontextualisiert (Smirl 2015, S. 71).

Auch Duffield argumentiert, dass vereinheitlichte Ausbildung für entsandtes Personal im Field Security Training, das beispielsweise in Deutschland vom ZIF

(Zentrum Internationale Friedenseinsätze) auch für Wahlbeobachter durchgeführt wird, dazu führt, dass die gesicherte Lebensform im geschützten ‚Lager', aber auch andere Sicherheitsvorkehrungen wie gepanzerte Fahrzeuge als gerechtfertigt und erstrebenswert angesehen werden. Außerdem wurde das Sicherheitsmanagement schrittweise professionalisiert, das nun an private Firmen ausgelagert oder von eigenen, idealerweise weisungsunabhängigen Abteilungen geplant, durchgeführt und verantwortet wird. Das bewirkt zweierlei: Einerseits entzieht das Entscheidungen der Erörterung, weil diese an anderem Ort getroffen werden und die Regeln, wer wann, in welcher Begleitung, ob allein (ein Fahrzeug) oder im Konvoi (mit wie vielen Fahrzeugen?), bis zu welcher Uhrzeit usw. sich bewegen darf, nicht hinterfragt werden können. Wer die Bewegungsfreiheit kontrolliert, hat erheblichen Einfluss auf die Mitarbeiter, weil von den Wegen, die jemand zurücklegt, abhängt, was man sieht, wie die Umwelt wahrgenommen wird und wie in der Folge mit dem Land, in dem eine Mission stattfindet, umgegangen wird. Zweitens aber festigt es die Wahrnehmung der Riskantheit des Aufenthalts in einem Missionsland gemäß der Sicherheitsregeln. Die Wahrnehmung, was gefährlich sein könnte, hängt von den gesetzten Regeln und Verhaltensmustern ab (Andersson und Weigand 2015).

Duffield beschreibt die Situation im Jahr 2008 im Südsudan und hält fest, dass zu Zeiten des Bürgerkriegs die ‚Fortifikation', also der Bau befestigter Wohn- und Arbeitsanlagen *nicht* erfolgt ist, sondern erst nach dem Friedensabkommen, also in Zeiten des Friedens. Er schreibt:

Abb. 6.1 UNHCR, Yei, Südsudan 2008. (Bild: Mark Duffield)

Such compounds typically have strengthened double gates and inner and outer walls or fences topped with razor-wire. They enclose accommodation, offices or support facilities, sometimes combining them all into a single complex. Movement in and around these visibly defensive and guarded structures is restricted and hedged with security protocols (Duffield 2010, S. 455; Abb. 6.1).

Die Missionszentren sind Enklaven des internationalisierten Wohlstands und der Modernität. Sie drücken den Kontrast zwischen kapitalstarker Hilfselite und der ‚normalen' Bevölkerung baulich aus. Aus lokaler Sicht sind die Enklaven, die mitunter sogar so heißen, Räume des Ausnahmezustands. Dieser Ausnahmezustand zeigt sich zum Beispiel daran, dass Verhaltensmaßstäbe, die andernorts in

Abb. 6.2 UNHCR Wohnkomplex, Juba 2008. (Bild: Mark Duffield)

einem Land gelten, hier ausgesetzt sind. Religiöse Vorstellungen werden hier nicht umgesetzt, weil die Internationalen ohnehin verschiedenen Religionen angehören, wenn sie überhaupt religiös sind bzw. weil Religion in ihrem Leben keine strukturierende Rolle spielt. In den Compounds gibt es Alkohol, auch wenn es sonst keinen gibt, Frauen sind unverschleiert und es sind keine Hierarchien zwischen Frauen und Männern erkennbar – anders als in vielen nicht nur islamisch geprägten Ländern (Smirl 2015, S. 90). Strom und Wasser sind stets verfügbar, für funktionsfähige sanitäre Anlagen und Kommunikationsverbindungen wird gesorgt (Abb. 6.2).

Abb. 6.3 UNHCR, Kaya Keji, Südsudan 2008. (Bild: Mark Duffield)

Insbesondere Elektrizität ist auffällig, da in vielen Ländern, in denen Hilfsmissionen bestehen, keine durchgängige Stromversorgung herrscht. Wenn der Strom ausfällt, sind in Compounds schnell die anspringenden Notstromaggregate zu hören. Die Dieselaggregate sind insbesondere deswegen notwendig, weil dort mit Computern gearbeitet und weil Klimaanlagen benutzt werden. Für die Mitarbeiter stehen Fahrzeuge zur Verfügung, meistens weiße SUVs, ebenfalls mit Klimaanlage, in denen man vor Gerüchen und Geräuschen geschützt hoch über der Straße sitzt (Abb. 6.3).

All das ist nicht problematisch – aber es illustriert, wie die Art, wie entsandtes Personal in den Einsatzländern lebt, die Sicht auf ein Land beeinflusst – und damit, wie

Probleme definiert werden. Gerade weil die Helfer aufgrund der Risikowahrnehmung der sozialen Wirklichkeit bis zu einem gewissen Grad enthoben sind, ist die Interaktion mit der Bevölkerung eingeschränkt, wenn nicht unmöglich. Viele in den Einsatzländern kennen nur lokales Personal, das selten in einer hierarchisch gleich- oder übergeordneten Position arbeitet und deshalb praktisch immer Empfänger von Weisungen ist. Eigene Perspektiven können so bestenfalls als Ideen eingebracht werden, die ebenso leicht ignoriert werden können. Gern als ‚Stimme des Volkes' wahrgenommen werden die Fahrer, die aber auch bei UN und anderen Agenturen angestellt sind und also eine gesellschaftlich privilegierte Position einnehmen. In Ländern, wo Sicherheitsprotokolle es nicht erlauben, Taxi zu fahren, sind also sogar diese Kontakte vorstrukturiert (vgl. Kühn 2016, S. 109).

Die infrage stehende Schicht ist aber keine ghettoisierte Gruppe von westlichen internationalen Spezialisten. Die Mitarbeiter internationaler Organisationen stammen keineswegs nur aus westlichen Ländern, aber überwiegend aus einer gehobenen Bildungsschicht und verfügen häufig über Bildungsabschlüsse aus westlichen Ländern, oft den USA oder Großbritannien. Nicht die Herkunft ist also entscheidend, sondern die Klasse, mit der eine kosmopolitische Einstellung einhergeht (dazu Heathershaw 2016b). Was nach eingeschränkter Mobilität aussieht, ist in Wirklichkeit ein kompliziertes Arrangement von beschleunigter Zirkulation und Abschottung. Duffield schreibt, man könne sich nach Transfer mit Schnell-Visum innerhalb weniger Tage nach Anreise aus dem Vereinigten Königreich in einem Compound in Yambio im Südsudan nahe der kongolesischen Grenze entspannen (2010, S. 456–457). Denn beide Orte sind durch eine Reihe von speziellen und exklusiven Arrangements verbunden. Dazu gehören Flüge nach Khartoum, UN-Fahrer für den Transfer, Hotels mit erhöhtem Sicherheitsstandard obligatorische Sicherheitstrainings, um einen UN-Ausweis zu bekommen. Mit UNHAS[1] geht es weiter über Juba im Südsudan ans Ziel der Reise:

> UN fast-tracked visas, within a couple of days of leaving the UK, it was possible to be relaxing in an aid compound at Yambio, near the South Sudan border with the Democratic Republic of Congo. Linking these two locations are a series of discrete and exclusive relays, including an international flight to Khartoum; pick-up by a UN driver and transport to a security-vetted hotel; completing field-security training to obtain an essential UN ID card; and then onwards via Juba, capital of South Sudan, to the final destination care of the UN's Humanitarian Air Services (Duffield 2010, S. 457).

Internationales Personal ist mobil, eine feste Anzahl von Urlauben ist vertraglich vereinbart, um Lagerkoller vorzubeugen, jederzeit kann – etwa im Fall von Unfällen oder Krankheit – ausgeflogen werden. Die lokale Bevölkerung hat keine dieser Möglichkeiten: viele besitzen keine Papiere, wobei dieser Zustand undokumentierten Lebens

---

[1]United Nations Humanitarian Air Service, eine Fluglinie, die von den UN betrieben wird und in abgelegenen oder Krisenregionen oft die einzigen Flugverbindungen anbietet.

6 Entwicklungspolitik als Risikopolitik? 137

lediglich erlaubt, Hilfsdienste zu leisten. Die Aufwärtsmobilität ist begrenzt, aber auch die räumliche Mobilität unterliegt extremen Beschränkungen: Während internationales Personal, häufig ausgestattet mit UN- oder nationalen Diplomatenpässen und u. a. mit Vorrangregelungen an Flughäfen schnell von A nach B kommen, behindern Sicherheitsmaßnahmen häufig die Bewegungsfreiheit der Bevölkerung. Denn einen Compound abzusperren teilt den Raum in unterschiedliche Verfügbarkeit – weltweit werden Straßen, manchmal ganze Viertel abgesperrt, um zu verhindern, dass die Bevölkerung zu nahe an sogenannte sicherheitskritische Infrastruktur, etwa Botschaftsgebäude herankommt. Nicht nur wegen des massiven Einkommensgefälles sind Jobs bei UN- und anderen internationalen Agenturen beliebt, weil sie Ausweise bringen, mit denen die alles verlangsamenden Checkpoints besser und schneller passierbar werden. Der Zugang zum Raum unterscheidet klar zwischen Menschen, deren Zeit etwas wert ist und solchen, deren Zeit beliebig beschnitten werden kann; aber auch zwischen internationalisiertem, fortgeschrittenem und ‚zivilisiertem' Lebensstil und dem rückständigen, unterentwickelten, unterversorgten und politisch wie wirtschaftlich prekären Leben wird diskriminiert.

Hierarchien zwischen vermeintlich aufgeklärten Internationalen und lokaler Bevölkerung ohne Agency werden so beständig reproduziert und baulich manifestiert. Zwar sind die Strukturen, in denen dies stattfindet, nicht einfach nur und plump rassistisch, indem sie nach Zugehörigkeit einschließen oder ausgrenzen. Freilich aber folgt die

Unterscheidung zwischen internationaler Gemeinschaft[2], der die Organisationen erklärtermaßen angehören, und den Staaten und Gesellschaften, die dazu nur teilweise dazugehören, weil sie nicht die Standards erfüllen, solchen Stereotypen. Gong (1984) hat darauf hingewiesen, wie diese Standards über Einbeziehung oder Ausgrenzung entscheiden, die sich praktisch u. a. an uniformen Ausbildungs- und Handlungsmodi der Internationalen und lokalen, kultur- und ortsspezifischen Handlungen ausweisen.

Die über 20 Jahre etablierten Sicherheitsroutinen der UN und anderer Organisationen dekontextualisieren tendenziell einen Einsatz unabhängig vom konkreten Fall, weil sie die Sicherheit als überall bedroht betrachten (müssen). Sicherheitsmaßnahmen gelten unabhängig davon, ob eine UN-Organisation in Afghanistan oder in Sierra Leone, in Osttimor oder in Haiti tätig ist. Damit wird eine Wahrnehmung geschaffen, in der die Schwierigkeiten aller Missionen einheitlich erscheinen: Die UN selbst haben argumentiert, dass der Grund für die Selbstisolation und die gestiegene Bedrohung im schwindenden Respekt gegenüber dem völkerrechtlichen Sonderstatus von UN-Organisationen liege, die vereinbarungsgemäß besonderen Schutz genießen sollen. Kritiker halten dem entgegen, dass die Verschmelzung von Sicherheit und Entwicklung, also integrierte Missionen zur Stabilisierung und zur humanitären Hilfe beides verschmolzen habe (Charbonneau 2010; Kühn 2010, S. 205–214).

---

[2]Zur sogenannten ‚Internationalen Gemeinschaft' als zugleich spezifischer, aber nicht von vorneherein definierter Akteursgruppe, und zugleich als rhetorischer Mittel zur normativen Legitimierung vgl. Bliesemann de Guevara und Kühn (2011, S. 139).

In jedem Fall ‚transportieren' die zentralisierten und standardisierten Sicherheitsmaßnahmen, welchen UN-Organisation unterliegen, die Bedrohungswahrnehmung zwischen ansonsten distinkten Kontexten.

Die gedankliche Verschmelzung von Sicherheit und Entwicklung illustriert, dass die Vereinten Nationen sich Codes zugelegt haben, die jenen der US-Armee gleichen. Wie im US-System DEFCON (Defense Condition), das 5 Warnstufen vor dem nuklearen Krieg (entwickelt im Kalten Krieg) kennt, sind jeder Sicherheitsstufe verschiedene Verhaltensformen zugeordnet. *White City* ist die höchste Stufe, die ein komplettes Bewegungsverbot für UN-Mitarbeiter bedeutet. Viele Organisationen schließen sich an, wenn White City-Status ausgesprochen wird, sodass dann alles zum Erliegen kommt. Das United Nations Department for Safety and Security veröffentlicht Reisehinweise, die Ratschläge bis ins Detail geben: Man soll in Missionsländern nur registrierte Taxen nutzen, unsichere Teile von Flughäfen meiden, nicht nachts ankommen, sich zum Hotelzimmer eskortieren lassen und sich darin einsperren und viele ‚Tipps' mehr. Diese zu befolgen ist sicherlich nicht falsch – aber dass sie als zwingende Verhaltensregeln formuliert werden, untermauert eine Wahrnehmung der Umgebung als bedrohlich, feindselig, *riskant.*

Neben der Sicherheitsausbildung sind die Regeln der Minimum Operational Security Standards (MOSS) für Mitarbeiter mit Wohnsitz einzuhalten, für ausgelagerte Dienstleistungen einschließlich Versicherungen die Minimum Operational Residential Security Standards (MORSS). Diese Regeln bestimmen die Maßnahmen, bei deren Einhaltung die Mission insgesamt als sicher durchführbar gilt, und sie regeln Haftungsfragen, sollte doch etwas passieren. Die Einhaltung dieser Regeln wird überprüft. Allerdings betreiben es Teile des Missionspersonals als Sport, sich über diese Regeln hinwegzusetzen. Sicherheitsvorkehrungen sind oft so restriktiv, dass die Lebenssituation als sehr beengend empfunden wird. Einfach mal herauszufahren, wenn die Situation es scheinbar erlaubt, wenn ‚alles ruhig ist', ist deshalb verlockend und oft auch kein Problem. Die Mitarbeiter unternehmen solche ‚Ausflüge' auf eigene Verantwortung, das heißt sie verlieren ihren Versicherungsschutz, sollte ihnen etwas zustoßen: denn die Regeln schränken nicht nur die Bewegungsfreiheit ein, sie begrenzen auch die Haftung auf lediglich die Bereiche, in denen die Sicherheitsroutinen eingehalten wurden. Andererseits behalten die Sicherheitsfachleute die Deutungshoheit einer Situation, weil die Einzelne nicht genügend Möglichkeiten und Gelegenheit hat, sich selbst ein Bild zu machen. Von besonderer Bedeutung ist, dass sowohl UN-Sicherheitsabteilungen als auch private Sicherheitsdienste, die die Zuständigkeit für lokales Sicherheitsmanagement übernehmen, oft mit ehemaligen Soldaten besetzt sind. Auch deren besonderes Verständnis von Sicherheit schlägt sich praktisch nieder: Tendenziell spitzen sie die Risikowahrnehmung zu, weil sie dafür bezahlt werden, dass nichts passiert. Sie treffen alle möglichen – oft übertriebene – Vorkehrungen, in der realen Befürchtung, dass sie, sollte doch etwas passieren, dafür schlimmstenfalls den Auftrag zum Schutz der UN- und sonstigen Mitarbeiter verlieren oder gar haftbar gemacht werden. So kommt eine Spirale einer sich verschärfenden Risikowahrnehmung in Gang, die zu immer umfassenderen Maßnahmen und folglich wachsenden Ausgaben für Sicherheitsvorkehrungen führt.

Im Rahmen der Professionalisierung folgen diese Entwicklungen einer fast zwangsläufigen Logik. Hilfsorganisationen, die als Teil einer westlich dominierten Praxis des liberalen Interventionismus gesehen werden, können sich von der Politik kaum mehr distanzieren; der frühere Status kompletter Neutralität und Unparteilichkeit scheint verloren zu sein. Dazu hat sich auch die Entwicklungspraxis zu sehr gewandelt, die nunmehr ausgeweitete Tätigkeitsfelder, gestiegene Mitarbeiterzahlen und Projektdichte sowie Politisierung, genauer die In-Dienst-Stellung von humanitärem Engagement zugunsten politischer Transformationen, einschließt. Insgesamt ist ein großer finanzieller und politischer Druck festzustellen, der von offizieller Seite auf Hilfsorganisationen ausgeübt wird, ihre Projekte mit staatlichen Zielen in Einklang zu bringen.

Duffield (2010) und Smirl (2015) beschreiben die Entwicklung von Nord-Süd-Kooperation oder Entwicklungs-/humanitärer Hilfe zur Normalisierung der Selbstisolation und die Selbstverständlichkeit, mit der ‚unterentwickelte' Gesellschaften und Menschen in Armut als Bedrohung wahrgenommen werden. Im Effekt der Risikopraxis entsteht dabei das Bild, dass arme Menschen Gewalt ausüben, was seinerseits zu einer breiteren Wahrnehmung von Unterentwicklung als Sicherheitsrisiko führt. Dazu gehört als Subjektivität der Akteure die Erkenntnis der eigenen Verletzlichkeit. Hilfsorganisationen denken sich systematisch in die Situation potenzieller Angreifer hinein und erarbeiten auf der Basis dieses Imaginariums Sicherheitsprotokolle, um diesen Risiken zu begegnen. Solche worst-case-Szenarien können sich von der Wirklichkeit entfernen, weil die strukturellen Schranken der Wahrnehmung der Situation vorentscheiden, was gesehen und als risikorelevant betrachtet wird: Wer im Compound sitzt, neigt dazu, die Außenwelt als bedrohlich zu empfinden.

Dazu gehört, persönliche Risiken zu erkennen und zu bearbeiten: Mitarbeiter von Hilfsorganisationen werden auf psychische Effekte ihrer Arbeit hingewiesen, es gibt Pläne für körperliche Fitness, aber auch vorsorgende Maßnahmen gegen Stress und Überarbeitung, gegen Traumareaktionen von PTSS bis hin zu Alkoholismus. Gespräche sollen den Kulturschock lindern, den viele der Mitarbeiter erleiden, wofür es nachgerade erforderlich wird, zwischen dem Selbst und dem Anderen (Hilfsempfänger der anderen Kultur) Distanz zu halten. Denen kann schließlich, so das Argument, nur effektiv geholfen werden, wenn ihr Schicksal die Helfer nicht traumatisiert und ihre Arbeit ineffektiv macht (Duffield 2010, S. 462).

Smirl beschreibt anhand einiger autobiografischer Werke, wie die eigene Gruppe im Compound, die Arbeitskollegen und andere sogenannte *Expatriates,* die vor Ort sind, zu einer Art Ersatzfamilie der Mitarbeiter in Hilfsmissionen werden. Viele begreifen ihre Aufgabe als eine Art Initiationsritus, in dessen Verlauf sie zu jemand anderem werden als sie vorher waren. Das Gefühl der Bedrohtheit liefert dafür die Umgebungsbedingungen, indem es die Lebensumstände der Mitarbeiter anhaltenden Sicherheitsroutinen unterwirft und einen bestimmten Lebensstil erzwingt; gleichzeitig begünstigt die Bedrohtheit den Exzeptionalismus, also die Wahrnehmung, in einer Ausnahmesituation zu leben, die hierarchische Beziehungen zwischen Hilfslieferanten und deren Empfängern begründet (Smirl 2015, S. 39–42).

Die Unterscheidung nach Klassen – den privilegierten in den SUVs, die nicht zu Fuß gehen oder mit dem Fahrrad fahren, die Straßen verstopfen, entweder in klimatisierten Fahrzeugen oder Räumen mit Stromaggregaten sitzen einerseits, und den unterprivilegierten, die als potenzielle Quelle von Gewalt angesehen werden, die wenig Einfluss auf Entscheidungen der Politik, zur Entwicklung oder Infrastrukturmaßnahmen, also wirtschaftliches Handeln haben andererseits – ist ein globaler Trend, der sich auch im Westen beispielsweise in *gated communities* zeigt. Dort schotten sich reiche Bevölkerungsschichten vom als Problem verstandenen Rest der Gesellschaft ab. Interessanterweise verändert sich die Risikowahrnehmung nicht, wenn jemand in einen geschützten Bereich zieht, sie spitzt sich zu: permanent auf das Sicherheitsproblem hingewiesen, dafür sensibilisiert, dass Brüche im Sicherheitsregime potenziell katastrophale Folgen haben können, steigt paradoxerweise die Bedrohungswahrnehmung im geschützten Bereich statt zurückzugehen (Abb. 6.4).

Wie wird der Raum durch spezifische Interessen spezifischer Akteure verändert? Jenseits des Verkaufs von öffentlichem Raum, also seiner Privatisierung nach wirtschaftlicher Kaufkraft, um segmentiert und parzelliert zu werden, ist es ein erheblicher Eingriff, wenn Straßen verlegt, Sicherheitszonen durchgesetzt und Begehverbote erlassen und umgesetzt werden. Die Infrastruktur, die aus dem Risikoverständnis von internationalen Akteuren und Agenturen hervorgeht, greift in die räumliche Gliederung von Städten ein, die sich ohnehin in vielen Fällen durch

144　6 Entwicklungspolitik als Risikopolitik?

Abb. 6.4 UNDP, Kaya Keji, Südsudan 2008. (Bild: Mark Duffield)

Urbanisierungsprozesse massiv verändern. Diese Prozesse – ob wünschenswert oder nicht – betreffen in Ländern, in denen humanitäre Missionen stattfinden, die sozialen Strukturen. Mechanismen von Inklusion und Exklusion, die sich in der Architektur und Infrastruktur zeigen, müssen deshalb analysiert und kritisch bewertet werden. Dass Risiko hier die Funktion liefert, infrastrukturelle Veränderungen durchzusetzen, illustriert, wie Risiko Strukturen verändert und politische, oft unintendierte Wirkungen hat.

Risiken zu externalisieren, also die Einsatzumgebung als Quelle von Risiken auszumachen, führt zu Infrastrukturveränderungen, die just das verkörpern, wogegen sich Widerstand regt: Die Ausgrenzung der lokalen

Bevölkerung, auf die Lasten übertragen werden, um die Exklusivität der Mission zu ermöglichen, geht mit dem internen Prozess der Normalisierung von Ausnahmesituationen einher, konkret den Lebensumständen der *expatriate workers*. Die Hilfsindustrie ist ein großer und wachsender wirtschaftlicher Komplex, der unter wohlwollender Zielsetzungen seine eigene Logik, seine eigenen Antriebe und eigene, auf sich selbst bezogene Funktionsweise (Luhmann würde von *auto-poesis,* oder Selbstreferentialität sprechen, 1991, S. 224–225) aufweist. Die risikoinduzierte Lebensweise der Helfer zeigt einerseits die strategische Ratlosigkeit, die sich darin ausdrückt, dass keine Mission mehr davon ausgeht, dass sie kurz anwesend ist, ein Problem löst und dann wieder abzieht. Missionen werden von Beginn an konzipiert zu bleiben, weil sie das Problem, das sie zu lösen gekommen ist, nicht bewältigen können (vgl. Bliesemann de Guevara und Kühn 2010, S. 179). Zweitens hat das Draußenhalten der Adressaten, von jenen, denen vorgeblich geholfen werden soll, System und wird von den Helfern als normal empfunden. Die Hierarchie von Ausgrenzung und selektiver Inklusion ist eine Tendenz, die wir generell in der internationalen Politik und besonders gut am Beispiel der Risikopolitik beobachten können.

Warum verändert sich das Sicherheitsmanagement und worin lässt sich das ablesen?
Wie lässt sich die Lebenssituation von Hilfsorganisationen im Einsatzland beschreiben?
Inwiefern dekontextualisieren Sicherheitsregeln und -routinen die lokalen Gegebenheiten?

> Welche Privilegien genießen internationale Mitarbeiterinnen und Mitarbeiter, und wie beeinflussen diese die Interaktion mit der lokalen Bevölkerung?
> Inwiefern entfremdet die Praxis humanitärer Hilfe die Helfer von den Adressaten? Welche Probleme können dadurch auftreten?

7

Terrorismus als ‚geschaffenes' Risiko

Als der islamistisch motivierte Selbstmord-Terrorismus Deutschland erreichte, waren alle Szenarien schon durchgespielt. Seit 2001, immer wieder verstärkt mit neuen Anschlägen und weiteren Entwicklungen in der Gewaltlage, kam wiederholt die Frage auf *was wäre, wenn?* Die Gemütslage des antizipierten Anschlags, des Imaginariums terroristischer Gewalt, beschrieb der Spiegel mit ‚Terror im Kopf' (Spiegel 2015). Anhand vier Fragen illustriert der Beitrag, wie die Risikowahrnehmung des Terrorismus das Leben und das Verständnis dessen verändert, was normal und wünschenswert ist. Der Spiegel fragt, inwiefern die Angst schon so normal geworden ist, dass sie Eingriffe in die Freiheiten und den Lebensstil nicht nur ermöglicht, sondern geradezu erfordert. Angst ist hier auf das Risiko bezogen, das nicht kalkuliert werden kann (vgl. Beck 2007, Kap. 3), weil es potenziell katastrophisch ist. Ein Risikodispositiv herrscht, wenn eine gedankliche Ausrichtung von Handlungen an der Existenz von Risiken vorliegt: Das Bewusstsein, dass etwas passieren könnte, bestimmt das Handeln.

Wenn der Spiegel ‚Terror im Kopf' titelt, so bedient er sich unhinterfragt eines neueren Sprachgebrauchs: statt von Terrorismus zu sprechen heißt, den im englischsprachigen Bereich üblichen Begriff des Terrors zu übernehmen, wie es inzwischen die Mehrheit der Presse tut. Dies ist nicht nur sprachökonomischen Erwägungen geschuldet – Terror klingt prägnanter -, sondern vollzieht eine semantische Verschiebung, die Terrorismus aufwertet. Vor 9/11 gab es eine weitgehende Trennung (wirklich strikt war sie nie, aber semantisch erkennbar eben doch) von Terror und Terrorismus. *Terrorismus* war die gewaltsame Taktik der Machtlosen, der substaatlichen Gruppen, von ihnen empfundene politische und soziale Missstände mittels Gewaltakten anzuprangern und ein bestehendes Herrschaftssystem anzugreifen. Ziel war, das System als illegitim, als gewaltgeneigt und problematisch zu brandmarken. Unter *Terror* aber verstand man bis kurz nach der Jahrtausendwende die organisierte Gewaltkampagne eines Staates unter Bündelung all seiner Machtmittel, um ein herrschendes Regime durch Vernichtung und Einschüchterung von Opposition abzusichern. Terror ist also etwas, das von oben nach unten, Terrorismus hingegen etwas, das von unten nach oben gerichtet verstanden wurde (Hoffman 2002, S. 28–30; Kühn 2012, S. 260–261).

Mit der semantischen Verschiebung nach 9/11 wurden Terroristen massiv aufgewertet. Die genannten Merkmale decken beispielsweise die Taten al Qaidas eindeutig als klassischen Terrorismus ab: Ein eindeutig schwächerer Gegner fordert durch klandestine Taktik den Staat heraus, um ihm durch dessen Gegenbewegung die Maske vom Gesicht zu reißen und die wahrgenommene Unterdrückung augenfällig zu machen. Dafür den Begriff Terror zu verwenden, hebt eine überzogene Ausübung von Macht hervor – die Mächtigen verfolgen durch Terror das Volk! –, und weist den Gewalttätern ein Potenzial zu, dass sie niemals hatten. Aus al Qaida wurde der große Gegner der USA, der den nuklearen Gegenspieler von einst, die UdSSR, eins-zu-eins ersetzte[1]. Die USA – und mit ihr der gesamte Westen – *fühlten* sich angegriffen und folgten der Logik des Kalten Krieges, wonach auf einen Angriff in jedem Fall eine Vergeltung folgen musste. Aus der sicheren Erwartung eines reziproken Gegenschlags war im Kalten Krieg eine Logik von Abschreckung und Gegenabschreckung etabliert worden – nun aber hatte sich zweierlei

---

[1]Der irreführende Begriff des ‚Islamofaschismus' knüpft eine ähnliche Verbindung, indem er den Faschismus, dessen Gefährlichkeit in seiner Verbindung zu voll entwickelten europäischen Staaten mit ihren Gewaltapparaten und ausdifferenzierten Organisation bestand, mit einer islamistischen Ideologie in eins setzt, die jedoch organisatorisch weit hinter den Apparaten der Faschisten zurückbleibt.

geändert: Zum einen funktionierte Abschreckung[2] nur im Großen, das heißt die nukleare Konfrontation blieb aus, weil jede Seite fürchten musste, dass eine große Eskalation zu wechselseitiger Komplettvernichtung durch Nuklearwaffen führen würde (vgl. Kahn 1965). Die Vorstellung, dass ein Gegner abgeschreckt werden könnte, ist seither tief im sicherheitspolitischen Denken verwurzelt. Sie offenbart einen positivistischen und rationalistischen Bias, der rationales Handeln eines Gegners zugrunde legt. Gegenargumente, dass die Welt vor eine nukleare Vernichtung zu stellen nicht rational sein kann, wurden von den Strategen (und keinen Strateginnen in jener Zeit) so gekontert, dass gerade weil eine solche vernichtende Eskalation möglich sei das Eintreten der Eskalation verhindert würde – eben weil die Beteiligten rational sind und die eigene Vernichtung rational vermeiden wollten: Kriegsvermeidung, weil einen nuklear eskalierenden Krieg zu überleben nicht wahrscheinlich ist.

9/11 zeigte aber, dass solche Abschreckung nicht mehr griff: Weder waren die Gewaltgruppen abgeschreckt durch die Drohung mit Gegenmaßnahmen, noch ließen sich

---

[2]Angesichts der vielen Kriege, die es zwischen 1945 und 1990 gab, funktionierte Abschreckung nur hinsichtlich einer direkten Konfrontation der Großmächte. Viele, oft verheerende regionale Kriege während des Kalten Kriegs waren im Verständnis der Großmächte Ausdruck dieses Kalten Kriegs. Diese Schablone betrachtete die Ost-West-Konfrontation als dominant und Kriege als seine Fortsetzung oder Austragung im Kleinen. Manches spricht aber dafür, diese überwölbende Konstellation als nachrangig für die Konflikte zu betrachten, die mehr mit Antikolonialismus oder lokalen Konflikten zu tun hatten als mit der Systemfrage Kommunismus oder liberaler Kapitalismus. Gleichwohl machten viele Gewaltgruppen Gebrauch von der Rhetorik der Systemkonfrontation, um Geld oder Waffenlieferungen einzufordern (Gantzel und Schwinghammer 1995).

Staaten von der Kooperation mit solchen Gruppen abhalten. Das ‚Gleichgewicht des Schreckens' war nicht wiederherzustellen: Wenn Gegner ihr eigenes Leben nicht retten wollen, was die Selbstmordattentäter des 11. September eindrucksvoll bewiesen hatten, dann sind sie nicht abzuschrecken. Die ultimative Rationalität, das eigene Überleben zu sichern, ist außer Kraft gesetzt. Sicherheitspolitik wird zur Risikopolitik, wenn Daases Bedrohungsdreieck (vgl. Abschn. 2.2) zugrunde gelegt wird, da die Gewissheit über die Intention, aber auch über das Potenzial, wenn nicht sogar über den Gegner selbst verloren geht. Risikopolitik übernimmt also von klassischer, staatenbezogener Sicherheitspolitik.

Was bedeutet Risikopolitik bezogen auf Terrorismus: Die Ausrufung des „War on Terror" ist semantisch noch immer in der alten Logik verhaftet. Man trage, sagte George W. Bush, den Konflikt dahin, wo sich die Verantwortlichen für Terrorismus aufhielten (Bush 2006). Das heißt, das eigene Territorium zu schützen, indem man die Konfliktaustragung in einem anderen Land erzwingt. Die Kriege in Afghanistan und im Irak neben anderen sicherheitspolitischen Maßnahmen folgen diesem Muster. Innenpolitisch begann in dieser Zeit in allen westlichen Staaten eine massive Transformation des Bildes, das der Staat von der Bevölkerung hat. Nicht mehr in jedem Fall von deren Friedlichkeit und Loyalität überzeugt, setzten die Staaten umfassende Überwachung der eigenen Bevölkerung um.

Um Sicherheit zu garantieren, obwohl doch die Anfälligkeit bekannt ist, begann sich eine Vorsorgelogik durchzusetzen, die sich nach einer Binnen- und einer externen

Perspektive unterscheiden lässt. Wie können wir die Binnen- und die Außenwirkung des Risikoparadigmas beschreiben (Foucault würde Risikodispositiv sagen)? In der Binnenpolitik wird die Vorsorge vor Risiken zum handlungsleitenden Imperativ. Nach 9/11 wurden die Überwachungskompetenzen des Staates ausgebaut und eine enge Vernetzung und engmaschige Überwachung von Personen, Kapital- und Warenströmen, die weitgehend automatisierte Abgleichung von Daten und weitreichende Einschränkungen des Privaten eingeführt, *um zu verhindern,* dass terroristische Anschläge überhaupt stattfinden (Bartsch et al. 2015, S. 25). Noch immer dürfen in Flugzeugen keine Flüssigkeiten in Behältnissen über 100 ml mitgenommen werden, die Behälter müssen in einer transparenten Tüte extra durchleuchtet werden. Konkret sind diese Maßnahmen ergriffen worden, nachdem eine Bombe entdeckt wurde, die erst im Flugzeug zusammengebaut worden wäre und der als Sprengstoff dort erst zusammengeschüttete Flüssigkeiten gedient hätten. Der Ursprung dieser Regel ist wohl weitgehend vergessen, aber die meisten Leute unterziehen sich relativ stillschweigend diesen Sicherheitsüberprüfungen. Die Logik sagt, dass, wer nichts zu verbergen hat, sich ja auch überprüfen lassen könne.

Wie effektiv diese Überprüfungen sind, wie viele Anschläge dadurch wirklich verhindert worden sind, ist umstritten. Kritikern zufolge sind es wenige, andere, insbesondere staatliche Sicherheitsbehörden behaupten, häufig mit Bezug auf ‚classified', also als geheim eingestuftes Wissen, dass es viele seien. Wie dem auch sei – dass die Maßnahmen viel kosten, an Zeit, an gesellschaftlicher Veränderung, an wachsendem Misstrauen gegenüber

Teilen der Gesellschaft, die nicht als loyal wahrgenommen werden, ist offenkundig. Das zu bewerten ist hier nicht relevant, sondern, dass in der Erfassung des Lebens ein Konformitätsdruck geschaffen wird, wobei von der Norm abzuweichen eine Quelle für Misstrauen, Schikane oder manifeste Gegenmaßnahmen ist. Risikopolitik im Modus des Vorsorgeprinzips bedeutet, nicht alles zu verhindern, sondern etwas zu verhindern, das im Rahmen einer probabilistischen Abwägung imaginiert wird (Amoore 2013, S. 9).

Der Spiegel weist darauf hin, dass eine große Mehrheit der Bevölkerung Daten sehr freiwillig mit der Welt teilt, also Fotos und andere Informationen ins Internet gestellt werden, dass in der Öffentlichkeit telefoniert wird und dabei teils intime Details zu erfahren sind. Dadurch verändere sich die Identität: die Vorstellung davon, was individuelle Freiheit ist, bezieht sich heute weniger darauf, anders sein zu können als andere, als auf die Freiheit, nach eigener Entscheidung dazuzugehören.

Von diesem Kollektiv durch ausgreifende Vorsorgemaßnahmen Risiken abzuwenden, verlagert Risiken auf einzelne. Algorithmengesteuerte Filter identifizieren auffällige Parameter und setzen Maßnahmen in Gang, die die individuelle Freiheit auf Verdachtsbasis außer Kraft setzen können. Murat Kurnaz wäre ein Beispiel hierfür, der entführt und gefoltert wurde unter Mitwisserschaft der Bundesregierung, ohne jemals mit Terroristen zu tun gehabt zu haben (Denso 2009). Wir wissen nicht, wie viele Menschen, die ebenfalls nicht mit Terroristen zu tun hatten, in Pakistan und anderswo ihr Leben durch Drohnen verlieren, weil sie entweder zufällig zugegen sind oder fälschlicherweise als Terroristen in einer Datenbank auftauchen und deshalb getötet werden.

Demokratische Gemeinwesen stehen vor der schwierig abzuwägenden Frage, wie weit die Vorsorge gehen soll. Ist, so fragt der *Spiegel,* die Veränderung der Wahrnehmung hin zum Risiko schon so weit fortgeschritten, dass wir das Verbot von Demonstrationen, die sicherungsmotivierte Umgestaltung von Infrastrukturen einfach hinnehmen, also die Art, wie wir leben, durch den Terrorismus und die darauf folgende Reaktion massiv verändern lassen (Bartsch et al. 2015)? Wie verändert sich eine Gesellschaft, bei der der Vorsorgegedanke so dominant wird, dass kaum mehr ein Risiko eingegangen wird? Ist es denn noch verantwortbar, Sportveranstaltungen oder Konzerte durchzuführen, wenn man weiß, dass sie letztlich nicht geschützt werden können? Entscheidungsträger bei bisherigen Absagen solcher Veranstaltungen argumentieren, dass sie von allen verantwortlich gemacht würden, wenn *nicht abgesagt* würde, um ein Risiko auszuschließen und dann etwas passieren würde. Angesichts der Ungewissheit, die immer besteht, müsste dann nicht logischerweise immer gegen das Risiko entschieden werden, nach jedem kleinsten Hinweis auf etwas, das potenziell passieren könnte, eine Veranstaltung ausfallen? Andererseits: Wenn Hinweise vorliegen, muss man dann nicht Einschränkungen der Freiheit, etwa des Demonstrationsrechts hinnehmen, um Leben zu schützen, das sonst zum Ziel von Attentätern werden könnte? Noch mal andererseits: Gibt man damit aber nicht Terroristen und jenen, die mittels einer (anonymen) Drohung beispielsweise eine unliebsame Demonstration verhindern wollen, nicht einen sehr starken Hebel in die Hand: Wenn mir eine Demonstration nicht gefällt, dann setze ich eine Drohung ab und schon wird eine Veranstaltung abgesagt?

Nun ist die Tatsache, dass wir generell nicht wissen können, was die Zukunft bringt, nicht dasselbe wie eine Haltung, dass wir Risiken nicht abschätzen und deshalb auch nicht eingehen können, so Aradau und van Munster (2007). Becks Überlegungen zur Weltrisikogesellschaft, in der Risiken entgrenzt und potenziell nicht versicherbar seien, halten sie für irreführend. Für Beck ist das Wesen der neuen Risiken, dass sie bei geringer Wahrscheinlichkeit ihres Eintretens einen hohen, potenziell katastrophischen Schaden zur Folge haben. Aradau und van Munster hingegen sehen im Umgang mit Risiken, also auch der anfangs vorhandenen Nichtversichert- und Nichtversicherbarkeit ein Kernmerkmal der sich entwickelnden Moderne: Die Technologie, mit Risiken umzugehen, wird an veränderte Risikolagen angepasst. Dies gehört gewissermaßen zum Kerngeschäft, das sich wandelnde Gesellschaften leisten müssen: „[D]ie Identifikation und das Management von Risiken ist ein Art, die Wirklichkeit zu organisieren, den Zufall zu zähmen und individuelles Verhalten zu rationalisieren" (Aradau und van Munster 2007, S. 95; eig. Übersetzung).

Becks *Reflexivität*, also das Bewusstwerden gesellschaftlicher Akteure über das Risiko als neue Ära der Risikogesellschaft (abgegrenzt von der modernen Industriegesellschaft), halten sie nicht für neu: Anpassungsleistungen habe es immer gegeben (vgl. Luhmann 1991). Erschwerend kommt hinzu, dass Beck die Risiken als außerhalb ihres sozialen Kontexts betrachtet. Er versteht

Risiken als unabhängig davon vorhanden, wie sie bearbeitet und welche Folgen ihnen zugeschrieben werden. Sie existieren unabhängig davon, ob die Handelnden die Risiken kennen, denen sie ausgesetzt sind. Der Widerspruch in diesen Überlegungen Becks liegt darin, dass damit seine eigene Annahme der Reflexivität nicht aufgeht, die ja von der kognitiven Verarbeitung von Gefahren, Wahrscheinlichkeiten und entsprechenden Reaktionen abhängt. Außerdem vermag Beck keinen Aufschluss darüber zu geben, warum manche Gesellschaften massiv auf Risiken ‚abfahren' und andere nicht (Aradau und van Munster 2007, S. 94–96).

Beck selbst ist hier unentschieden beziehungsweise flüchtet sich in konzeptionelle Ambiguität, wenn er sagt, die Risiken seien objektiv vorhanden (also eine realistische Perspektive), während sich eine konstruktivistische Perspektive darin verbirgt, welche Risiken zur Bearbeitung ausgewählt werden und wie sie verstanden werden. Er will also *Realist und Konstruktivist* sein, ohne zu merken, dass das nicht geht – denn wenn die Risiken da draußen objektiv existieren, muss man andere Erklärungsmuster finden als konstruktivistische, etwa Wissen oder Interessen, um Reaktionen darauf zu erklären.

Insbesondere die Wahrnehmung von katastrophischen Risiken, die ja den Appeal der Weltrisikothese ausmachen, erweist sich als problematisch. Nur die in ihren Ausmaßen unkalkulierbare Erscheinung, also der Zwischenfall wie 9/11 oder der durch technologische Entwicklungen hervorgebrachte Klimawandel, fallen darunter; andere Risiken, wie etwa durch resistente Keime, die es sogar bis auf die Tagesordnung des G7-Gipfels geschafft haben (vgl. Kap. 8), werden ausgeblendet, weil sie keine katastrophischen, spektakulären, sondern inkrementelle, schrittweise Folgen haben. Obwohl auch ihnen sehr viele Menschen zum Opfer fallen, kann Beck nicht erhellen, warum ihnen weniger Risikoaufmerksamkeit zuteilwird. Es steht deshalb zu vermuten, dass er hier unbewusst Risiken mit Katastrophen gleichsetzt. Obwohl Beck argumentiert, wenn die Katastrophe eintrete, dann sei sie kein Risiko mehr, scheint die imaginierte Verwirklichung des Risikos in der Katastrophe attraktiv zu sein. Der Reiz des Katastrophischen könnte von der Ikonografie beeinflusst sein, wie wir sie aus Filmen und Romanen kennen und darauf verweisen, dass die Wahrnehmung von Risiken, welches Phänomen es also überhaupt schafft, als Risiko wahrgenommen zu werden, davon abhängt, ob wir sie uns *bildlich* vorstellen können. Terrorismusforscher Brian Jenkins argumentierte deshalb 1975, dass Terroristen nicht unbedingt viele Menschen töten wollten, sondern vor allem darauf abzielten, dass viele Menschen zusähen (Jenkins 1975, 2006).

Für Aradau und van Munster ist deshalb der Wandel von der Versicherungslogik zur Vorbeugungslogik ein notwendiger Schritt, der sich stringent aus der Gouvernementality ergibt. Sie weisen die Behauptung eines fundamentalen Wandels zurück, die in Becks Phaseneinteilung der gesellschaftlichen Entwicklung hin zur Weltrisikogesellschaft enthalten ist. Für sie ist ein Risikodispositiv, also eine Ansammlung von Wissen und erprobten Repertoires, mit Risiken umzugehen, durch sein Verhältnis zur Zukunft gekennzeichnet, die es kennen – über die es also Wissen besitzen – und kontrollieren will. Dies akzentuiert den unauflösbaren Widerspruch, dass das Wissen immer aus der Vergangenheit abgeleitet ist und auf die Zukunft übertragen wird. Da das Imaginarium zukünftiger Potenziale durch die Vergangenheit informiert ist, kann das radikal und paradigmatisch Neue nicht in den Risikokalkülen abgebildet werden. Deshalb lässt immer mehr zu wissen nur umso deutlicher hervortreten, was wir nicht wissen (vgl. Einleitung zu ‚known unknowns'). Die Unwissenheit wird akzentuierter, die Notwendigkeit, das Risiko zu kalkulieren, lässt den Drang schier unaufhaltbar werden, *alles* zu wissen. Die Sammlung von Daten und das Anlegen von Statistiken, das Aufzeichnen von Verhaltensmustern und die automatisierte algorithmische Korrelation verschiedener Daten wie sie mit den Lochkarten der Rasterfahndung begonnen hat, ist demnach nur der verzweifelte Versuch, den immer kleiner werdenden Irrtumsraum noch weiter zu verkleinern: Der Wissensdrang im Sicherheitsdispositiv kann nicht gestillt werden.

Eine Rückbesinnung auf das, was kalkulierbar ist *und* sinnvoll bearbeitet werden kann, wäre zu wünschen – in der Terrorismusfrage steht ein solcher Pragmatismus aber aus. Das statistische Risiken, Opfer von Terrorismus zu werden, ist extrem gering (Mueller 2005), sodass die Frage berechtigt erscheint, was eigentlich passieren würde, wenn wir uns nicht mehr mit Terrorismus beschäftigen würden (Kühn 2012, S. 241–254). Die Frage ist paradox, da ja auch dieses Kapitel den Diskurs um den Terrorismus weiterstrickt. Gleichwohl gilt es, wachsam zu bleiben für die teils problematischen Folgen, die die Angst vor dem Unkalkulierbaren hat. Änderungen im Datenschutz und im Umgang mit privaten Informationen, im Reiseverhalten bzw. in dem, was die Bevölkerung behördlicherseits hinzunehmen bereit ist, aber auch ein Wandel im Verständnis dessen, was Freiheit ist, wurden schon erwähnt.

Die Folgen gehen aber weiter, etwa, wie schnell bei Anschlägen ein ‚islamistischer Hintergrund' vermutet wird. Die Taten, die von Anders Breivik 2011 in Norwegen begangen wurden, hätten nur von rücksichts- und ruchlosen Islamisten begangen worden sein könnten, waren sich zunächst viele Medien einig. Der Anstieg anti-islamischer Grundstimmungen wird politisch instrumentalisiert, etwa durch die AfD oder durch den Front National in Frankreich. Neben die konkrete politische Ablehnung tritt eine diffuse Angst vor dem Fremden, die sich politisch instrumentalisieren lässt. Gesellschaftlich führt das zu einer pauschal ablehnenden Misstrauensstimmung, die sich aus der Wahrnehmung alles Fremden als Risikofaktor herleitet. Dem wird ein national codiertes Bild einer homogenen und damit gedacht konfliktfreien Gesellschaft gegenübergestellt. Becks kosmopolitische Orientierung, die schon in Kap. 2 skeptisch betrachtet wurde, erweist sich spätestens hier als trügerische Hoffnung: die Erkenntnis einer gemeinsamen Betroffenheit von Risiken führt keineswegs zielgenau zu Solidarität. Wenn manche als riskanter gelten als andere, ist es mit der Gemeinsamkeit schnell vorbei.

Die Risikowahrnehmung lässt sich nur begrenzt beeinflussen. Das mulmige Gefühl, Opfer eines Anschlags werden zu können, ist mit Verweis darauf, wie unwahrscheinlich dies sei, nicht loszuwerden. Die vermeintliche Objektivität der Statistiken erweist sich schnell als hohl, da das spezifische Wissen gedeutet werden muss. Misstrauen gegen Wissenseliten stellt solche Deutungen infrage. Wissenschaft muss also durch Transparenz nachvollziehbar machen, wie aus Daten Erkenntnis wird. Aus wissenschaftlicher Perspektive müssen deshalb die Mechanismen erkannt, analysiert und erklärt werden, durch die Risiken zugeschrieben werden. Dass der verallgemeinernde Effekt von Versicherung, wie wir ihn noch für die Unfallversicherung der Arbeiter gesehen haben, zunehmend verschwindet, ist aus dieser Sicht kein Zufall (vgl. Abschn. 3.2). So werden viele Menschen Aktivitäten meiden, bei denen sie sich subjektiv Risiken ausgesetzt sehen, ungeachtet belegbarer geringer Wahrscheinlichkeiten dieser Risiken.

Diese Entwicklung folgt einer Logik der Individualisierung und bedeutet eine Rückkehr zu dem auf eigener Weisheit beruhenden Umgang mit Risiken (Aradau und van Munster 2007, S. 100). Die Hinwendung zum vorsorgenden Umgang mit Risiken, diese also zu vermeiden, ist deshalb eine Folge der neoliberalen Neuordnung gesellschaftlicher Verhältnisse, in der die Individuen für gesellschaftliche Entwicklungen verantwortlich werden. Kollektive Risikokompensation verliert an Bedeutung für das Verhalten einzelner. Die Vorsorgekosten, die anfallen, trägt nämlich die Allgemeinheit, die Gewinnmargen, die aus der Bewirtschaftung des Risikos gezogen werden, steigen durch die Begrenzung des Unvorhersehbaren. Die Allgemeinheit tritt für die unkalkulierbaren Risiken ein, während ‚normale', mit gängigen Risikotechnologien handhabbare Risiken gewinnbringend bewirtschaftbar bleiben.

In Fällen wie Terrorismus, der zu den nicht kalkulierbaren Risiken gehört, tritt deshalb immer die

Allgemeinheit, der Staat ein, um das Risiko abzufedern. Deshalb verändert die Geheimhaltung von risikorelevanten Informationen, etwa aus Ermittlungen, die Grundlagen demokratischer Herrschaft: Dass nämlich das Wissen, auf dessen Basis die Entscheidungen getroffen werden, wie mit Risiken umgegangen werden soll, als geheim eingestuft ist, entzieht es der Überprüfung und öffentlichen Diskussion, ohne die aber keine legitime Entscheidung getroffen werden kann.

Mit beständigem Hinweis auf die potenzielle Betroffenheit kann dauerhafte Risikovorbeugung gerechtfertigt werden. Imaginierte Risiken zu vermeiden, ist das neue handlungsleitende Motiv, das unter dem Vorwand, das Risiko zu managen, jedes faktische Risiko komplett ablehnt. Was im gesellschaftlichen Sinn dazu führt, dass Konformität belohnt und gefördert wird, macht im sicherheitspolitischen Bereich jene zum existenziellen Risiko, die nicht als politisch konform gelten. Die schon benannten Risiken, irgendwo von einer Drohne bombardiert zu werden, von den Sicherheitskräften festgehalten, inhaftiert, ggf. gefoltert zu werden, sind real für jene, die nicht in die konformen Raster der Normalbevölkerung passen. In Hinblick auf die Versicherungslogik wurde schon festgestellt, dass uniforme Lebensstile versicherbar sind, andere, die von der Norm abweichen, aber nur zu höheren Prämien und damit Kosten – Anreize also, das Leben konform und ohne Abweichung vom Mainstream zu führen. Man kann das als Einschränkung von Freiheit verstehen – eine Einschränkung von lebensweltlicher Vielfalt ist es in jedem Fall.

Wie lassen sich die Unterschiede zwischen terroristischem Risiko und Bedrohung erfassen?

Welche Faktoren müssen abgewogen werden, wenn Sicherheit und Freiheit unter dem Risikoparadigma verhandelt werden?

Inwiefern leiten sich Risiken aus ihrem sozialen Kontext ab, welche Denkschulen halten mit welcher Begründung Risiken für objektiv oder sozial konstruiert?

Inwiefern bindet Risiko die Gegenwart an die Zukunft, mit welchen Mitteln und mit welchem Ziel?

Warum hilft Wissen nicht weiter, wenn es um unkalkulierbare Risiken wie Terrorismus geht?

8
Internationale Gesundheitsrisiken

Ausgehend vom Terrorismus wurde im vorangegangenen Kapitel verdeutlicht, welche Machtverhältnisse sich in der Zuschreibung von Risiken ausdrücken. Spezifisches Wissen um Risiken dient dabei als Katalysator, Machtressourcen aufzubringen und steuernd in gesellschaftliche Prozesse einzugreifen. Dabei zeigt sich, dass die Steuerung trotz operativer Kooperation in internationalen Institutionen wie Europol oder geheimdienstlicher Zusammenarbeit noch weitgehend national organisiert ist, was die rechtlichen Rahmenbedingungen ebenso wie die diskursive Einbettung terroristischer Risiken betrifft. Deutlich tiefer gehend institutionalisiert ist das Feld der Steuerung in Gesundheitsfragen, genauer in deren risikorelevanten Bereichen der Vorsorge und Eindämmung von Pandemie-Risiken.

© Springer Fachmedien Wiesbaden 2017
F.P. Kühn, *Risikopolitik*, Elemente der Politik,
DOI 10.1007/978-3-658-15521-6_8

Auch hier hängen Legitimität und Akzeptanz von Maßnahmen davon ab, dass das vermittelte Wissen nicht von einer großen Anzahl von Bürgern infrage gestellt wird. Es geht nicht allein darum, mit Risiken umzugehen, sondern darum, vermittelt über Risikopolitik, mit der Gesellschaft umzugehen. Allerdings prägt das Feld der Gesundheit so sehr wie nur wenige andere spezifisches Wissen, das obendrein in globalem Maßstab ungleich verteilt ist. Die politische Interpretation des vorhandenen Wissens und die Ausdeutung der vorhandenen Graubereiche des Nicht-Wissens wird so zum politischen Spielfeld der Aushandlung globaler Definitionsmacht. An der Art des Umgangs mit Gesundheitsfragen zeigt sich deshalb, anknüpfend an Douglas' und Wildavskys Argumente, wie das Vertrauen für die Wertedefinition und die Funktionsfähigkeit sozialer Prozesse bindend wirkt. Dieses Feld erlaubt also einen Einblick in die Macht- und institutionalisierte Wertestruktur globaler Governance.

Ausgehend von einer Kritik an Becks Dualismus von Risikorealismus und Risikokonstruktivismus wurde Terrorismus als Mechanismus des Regierens in einem Foucault'schen Sinn, also der Steuerung der Gesellschaft, analysiert. Daran knüpft dieses Kapitel an, indem es auf den Staat fokussiert und fragt, was eigentlich den Staat noch ausmacht, und wie sich verändert, was der „Staat" ist und was der „Staat" macht. Hameiri (2011) kritisiert die bestehende Risikoforschung, die zwar verschiedene Mechanismen offenlegt, mittels denen Gesellschaften gesteuert werden und Politik legitimiert werden kann. So finden gegen Terrorismus Eingriffe in die Freiheit der Bürger Anerkennung – ablesbar an begrenztem Widerstand gegen solche Maßnahmen – die ohne die Schablone des Terrorismus nicht denkbar wären. Das Risikoparadigma oder Risikodispositiv erlaubt also, politische Maßnahmen mit einer Primärbegründung durchzusetzen, ohne das Sekundärbegründungen offengelegt werden müssen (vgl. Kühn 2012).

Hameiri beobachtet, dass trotz der Erkenntnis ‚entgrenzter' Risiken die Tradition des ‚methodologischen Nationalismus' aufrechterhaltenen Risikopolitik also als vom Staat ausgehend und im Staat politisch ausgehandelt wird. Bisherige Risikoansätze können deshalb zwar die Funktionsmechanismen erklären, aber nicht, warum der Wandel hin zu Risikopolitik ausgerechnet zu diesem Zeitpunkt geschieht und nicht etwa schon zwanzig oder dreißig Jahre früher oder vielleicht auch erst viel später – oder vielleicht eben auch gar nicht. Die vorhandenen Forschungsansätze können Varianzen im Umgang mit Risiken nicht erklären: warum reagieren manche Kollektive gelassen, andere sehr ausgreifend in ihrer Risikopolitik, sofern sie überhaupt Risikopolitik betreiben? Die Kernfrage ist, was sich geändert hat, dass die Risikopolitik so prominent wurde und sich das Verständnis von internationaler Politik als riskant durchgesetzt hat, dieser Prozess aber nicht überall gleich verläuft?

Governance durch Risiko bedeutet, dass Risiken nicht für sich genommen interessant sind – es geht also nicht darum, herauszufinden, wie groß das Risiko von Krankheiten und Pandemien, von Klimawandel oder Terrorismus *wirklich* ist, sondern darum zu verstehen, wie Risiko als Werkzeug des Regierens und Steuerns von Gesellschaften funktioniert:

> The centrality of de-bounded risk and risk management to contemporary governance cannot be explained in isolation from broader shifts in the way state power is organised and exercised, particularly as these relate to the systematic marginalisation of political claims based on material inequality and class cleavages in the neoliberal regulatory state (Hameiri 2011, S. 383).

Risiken sind also Mechanismen in der Neujustierung und gesellschaftlichen Aushandlung von Werten, in deren Verlauf Bedeutung und Relevanz zugewiesen werden (vgl. Douglas' und Wildavskys Risiken als Ausdruck von Wertekonflikten, Kap. 4). Materiell sind sich globalisierende Prozesse industrieller Produktion und Dienstleistungen zu beobachten, also eine Veränderung der Wertschöpfungsbasis weg vom Nationalstaat. Dadurch verlieren erprobte Verfahren von Kontrolle und Verantwortlichkeiten für gesellschaftliche Entwicklungen an Bedeutung, neben die globale oder regionale Governanceinstitutionen treten, mit oder ohne den Staat. Hinter der Risikozuschreibung verbirgt sich deshalb eine Auseinandersetzung über die Reichweite politischer Entscheidungs- und Handlungsmacht, wobei verschiedene Akteure, die von Entscheidungen der Risikopolitik betroffen sind, aus der Entscheidung herausgehalten werden sollen und andere bevorzugt einbezogen werden. Nicht alle können also Risiken definieren, das heißt die Definition von Risiken zu kontrollieren ist eine Machtposition, die es erlaubt, Zugang zu gewähren zu Entscheidungen oder ganze Gruppen von diesen Entscheidungen und dem Wissen darum auszuschließen. Die Reichweite von Risiken und der damit zusammenhängenden Entscheidungen zu definieren, wirft selbst Konflikte auf, wobei politische Koalitionen manche Entscheidungen unterstützen, während andere Akteure diese bekämpfen und zu beschränken versuchen.

Wo sich Einflussräume verschiedener Risikopolitiken überschneiden, kommt es zu Verdrängungskonflikten, und es ist keineswegs von vorneherein klar, welches Risikoverständnis und welche Risikopolitik sich durchsetzt – diese sind abhängig von Macht, Ressourcen und konkreten Faktoren der Politik, wie sie ausgehandelt wird, welches Wissen zur Verfügung steht und politisch in Stellung gebracht wird, welche anderen symbolischen Faktoren (politisches Gewicht, Glaubwürdigkeit, religiöse Definitionsmacht, usw.) politisch relevant (gemacht) werden. Risikopolitik ist also nie gleich, sondern von Akteuren, Politikfeldern und zeitlichen Umständen bedingt.

Hameiri schlägt vor, nicht die politische Rationalität zum Kriterium zu machen, also nicht den konkreten Stellenwert aus der ‚objektiven' Riskantheit eines Risikos abzuleiten, sondern den Status eines Risikos in den Priorisierungsentscheidungen als Konflikt und Aushandlungsergebnis zu betrachten (2011, S. 383). Wir können als Basisbedingung zwei Faktoren ausmachen, die den regulatorischen Staat ausmachen, der Risiko-Governance kennzeichnet:

Der regulatorische Staat ist, erstens, aus einer Transnationalisierung von Produktions- und Finanzmärkten hervorgegangen. Durch die Trennung von Produktion und Konsum einerseits und den multiplen Finanzierungs- und Investitionspraktiken der Finanzmärkte andererseits mussten verschiedene Absicherungsmechanismen – Risiko-Governance – geschaffen werden, deren es vorher, nämlich in weitgehend national gebundenen Produktions- und Finanzierungskreisläufen, nicht bedurft hätte. Hier wird mit Sachargumenten der Regelungsbereich von Politik unter dem Gesichtspunkt des Risikos neu verhandelt. Basis dafür ist, zweitens, eine Transformation des Wohlfahrtsstaates, innerhalb dessen die Klassen- und ökonomischen Interessen in hochformalisierten politischen Verfahren ausgetragen wurden, sodass es nicht zum offenen Konflikt kam. Der Umbau weg vom Wohlfahrtsstaat verlief naheliegenderweise nicht ohne Widerstand derjenigen Gruppen, beispielsweise der organisierten Arbeit, die dadurch am meisten verlieren.

> Ideas of transnational risk serve as mechanisms for shifting the governance of particular issues beyond the national political space, into regulatory spaces in which actors who are not politically or popularly accountable do the bulk of governing. This process weakens the position of those social and political forces dependent on national territoriality for their power. Hence, the politics of risk management plays an important role in facilitating state transformation (Hameiri 2011, S. 386).

Indem Risiko als Mechanismus genutzt wird, Regieren außerhalb des nationalen Raums zu bewegen, werden manche Gruppen von der Entscheidung ausgeschlossen oder als zwar betroffen, aber nicht als an Entscheidungen zu beteiligen definiert. Risiko erfüllt dabei zwei Funktionen: unter dem Risikoparadigma können Staaten in ihrem institutionellen Zuschnitt verändert werden, gleichzeitig verändern Staaten die Wahrnehmung der Risiken und geben damit die möglichen Räume dieser Veränderung vor (auch Clapton 2011, S. 290).

Hameiri (2011, S. 387) versteht den Staat nicht als territorial begrenzten Raum, indem Macht gebündelt und zum Zwecke der Umsetzung von Zielen eingesetzt wird, sondern als sozialen Raum, in dem die Aushandlungsprozesse stattfinden, durch die die Ziele und Maßnahmen zu ihrem Erreichen konfliktiv definiert werden. Er überwindet ein statisches, gleichbleibendes Verständnis vom Staat und kann so den Wandel besser abbilden: denn in diesen Aushandlungsprozessen, die sich nie identisch wiederholen, verändert sich der Staat permanent. Aus diesem Grund sind politische Institutionen nicht um ihrer selbst oder ihrer Funktionsweise willen interessant, sondern vor allem als Manifestation von Machtkonstellationen, die routinemäßig praktiziert werden. Weil sie routinemäßig – weitgehend unhinterfragt – praktiziert werden, stabilisieren und reproduzieren sie die Machtverhältnisse, aus denen sie hervorgehen. Wir können also politische Systeme danach analysieren, welche Machtverhältnisse sie ausdrücken, diese dabei verschleiern und naturalisieren.

‚Globalisierung' erscheint dann nicht mehr als von außen über die Staaten kommend wie eine Naturkatastrophe, sondern ist etwas, das sich als Prozess der Aushandlung in ungleichen, ungleichzeitigen und umstrittenen Veränderungsprozessen im Staat zeigt. Die globalen Marktkräfte wurden in den 1980er Jahren durch Deregulierungen freigelassen, was in erster Linie mit Kämpfen um Einfluss organisierter Arbeiterinteressen in den USA und Großbritannien zusammenhing. Mit Verweis auf die globalen Marktkräfte konnten deren Versuche durchbrochen werden, die Wohlstandserwirtschaftung gleichmäßig(er) zu verteilen und günstige Verdienst- und verlässliche Arbeitsverhältnisse zu erzwingen. Die Macht verschob sich von politischer Aushandlung in formalisierten Verfahren hin zu Aushandlungsprozessen nach funktional-rationalen Kriterien des Marktes.

Regieren (Governance) spielt sich seither zunehmend auf anderen, zusätzlichen Ebenen[1] ab. Mehrebenen-Governance ist vor allem für den Integrationsprozess der Europäischen Union beschrieben worden, wo sie institutionalisiert ist, praktisch alle Staaten sind indes davon betroffen. Die komplexen Governance-Prozesse umfassen Aushandlungs- und Abstimmungsverfahren, die erstens weniger formalisiert sind als die nationalstaatlichen und die zweitens sehr viel weniger konkret überprüft und kontrolliert werden können. In der Praxis führt das dazu, dass Regieren neben den nationalen Regierungen (als Institution, nicht als Praxis des Regierens) auch durch internationale Organisationen und Regime, aber auch von sub-staatlichen Gruppen wie NGOs oder Watchdogs beeinflusst und mitbestimmt wird – jedoch nie als alleinige Entscheider, sondern immer im Einflussmix verschiedener Akteure.

Viele Beispiele, beispielsweise Kooperation von Geheimdiensten, Austausch von Steuerdaten, Regulierung von Warenströmen bis hin zur normierten Klassifizierung von Waren (etwa in CETA), Umweltzertifikate,

---

[1]Die Ebenen-Metapher ist eigentlich irreführend, weil hier keine hierarchischen Über- und Unterordnungsverhältnisse beschrieben werden, sondern eine komplexe Nebeneinanderordnung oder gar ein fallweise wechselndes Über- oder Unterordnungsverhältnis vorliegt.

Übernahme von sozialen Dienstleistungen durch NGOs, wie die Tafeln oder Kleiderkammern, Mechanismen zur Steuerung von Finanzpolitiken (Kreditaufnahme/Neuverschuldung im Verhältnis zum BIP), Verabredungen zur Zinspolitik und Inflationskontrolle, und dergleichen mehr lassen sich finden. Liberalisierung oder genauer: Deregulierung bedeuten also nicht, dass es keine Regeln mehr gibt, sondern diese Regeln kommen anders zustande. In der Aushandlung von konkreten Arten der Regulierung kommen andere Akteure zum Zug und zu Einfluss, sodass deren Interessen sich in den Konsequenzen der Regulierung widerspiegeln.

Im regulatorischen Staat verläuft die Entwicklung von Regeln diffuser als im streng begrenzten, souverän gedachten Nationalstaat. Nun waren auch im keynesianischen Wirtschaftsmodell des ‚eingebetteten Liberalismus', in dem Arbeits- und Produktionsbeziehungen geregelt waren, die Mechanismen zur Verhandlung von Regeln transnational teils informell – es gab Absprachen zwischen Arbeitgebern in verschiedenen Staaten, es gab internationalisierte Gewerkschaften beziehungsweise deren internationale Dachverbände. Der ideologische Bedeutungsverlust der Weltinterpretation, der zufolge Widersprüche in den Klasseninteressen die treibenden Kräfte von Politik sind, brachte den regulativen Staat nach und nach hervor. Anders betrachtet musste er sogar entstehen, da die staatlichen Strukturen bis in die 1970er Jahre auf ökonomische Prozesse und Beziehungen abgestimmt waren, die sich später internationalisierten, sodass der Staat regulativ werden musste, um mit den sich verändernden sozialen und ökonomischen Strukturen deckungsgleich zu bleiben (Hameiri 2011, S. 388–389).

Indem die Produktionsstrukturen zunehmend international eingebettet wurden[2], wurden wirtschaftliche Risiken relevant für mehr und mehr Beschäftigte. Sie wurden durch die Veränderung der Finanzstruktur von Altersversorgungen oder der Investitionspraktiken Teil einer Interessenkoalition, die des regulativen Staates bedurfte. Dieser Schritt geht über Foucaults Ideen hinaus, denn Hameiri weist zu Recht darauf hin, dass es nicht hinreicht, zu konstatieren, dass politische Fragen den gängigen Arenen der politischen Aushandlung entzogen und einer Expertokratie, einem als relativ unpolitisch verstandenen ‚Politikmanagement' zugeschlagen werden. Wie in der ‚Politischen Artihmetik' (vgl. Abschn. 3.3) versucht wurde, statistisch zu erfassen, was die Bevölkerung kennzeichnet, so können regulative Maßnahmen anhand von Zahlen und vermeintlich rational und ‚unpolitisch' entworfen und durchgeführt werden. Was als rational-neutral erscheint, ist allerdings hoch politisch. Denn die Veränderung des Staates und seiner Herrschaftszwecke, die wir am Beispiel der abhängigen Arbeit sehen, die in der Versorgung und Wohlstandsproduktion in globale Zirkulationskreisläufe eingebunden ist und deshalb den kapitalistischen Strukturen nicht antagonistisch gegenübersteht, verschmolz vormalige Klasseninteressen. Auch gelang es, marktorientierte Policies wie Deregulierung und Transnationalisierung von Kapitalströmen als jenseits politischer Verhandlung

---

[2]Diese Einbettung von Kapitalstrukturen reicht von einfachen Produktionszyklen und ihrer (Vor-)Finanzierung bis hin zu fonds-basierten Altersversorgungen von Arbeitern und Angestellten, aber auch aktienbasierte Beteiligungen von Führungskräften. Alle an der Wertschöpfung Beteiligten werden dadurch zu Trägern kapitalistischer Interessen.

darzustellen, sie so zu naturalisieren und damit politischer Infragestellung zu entziehen. Diese Entwicklungen wurden, wenn man so will, dadurch entpolitisiert.

Unter dem internationalisierten Risikoparadigma verändert sich der Staat. In internationalen entwicklungs- und sicherheitspolitischen Kontexten, etwa bei der Zuweisung von Entwicklungsgeldern und der Planung von wirtschaftlichen Kooperationsprojekten, verliert der Staat schleichend seine Rolle als Plattform und Arena der Aushandlung politischer Ziele. Er wird zum ausführenden Arm von Governance-Vereinbarungen, die anderswo getroffen werden; er unterliegt also der strukturierenden Macht von Regimen, an deren Zustandekommen er nicht beteiligt ist. Seine Aufgabe ist weniger die Aushandlung von Politik, sondern die Kontrolle der Risiken, die durch die Durchsetzung von Politik geschaffen werden, etwa in Formen gewaltsamen Widerstands. Indem der Staat diese Konflikte kanalisieren und ggf. unterdrücken muss, wird er (nicht nur in den Augen derjenigen, die von der Politik betroffen und damit oftmals nicht zufrieden sind), zum Risikomanagementstaat, ist nicht mehr autonomer politischer Raum. Auch hier transformiert das Risikoparadigma den Staat und seine Aufgaben, der Staat kann diese Veränderung bestenfalls moderieren.

Eine territoriale Komponente ergibt sich aus der unterschiedlichen Reichweite und Verflechtung der verschiedenen Institutionen der Governance: Finanzinstitutionen schließen in ihrer Regulierung an Währungsinstitutionen an, Währungsinstitutionen sind rechtlich reglementiert und werden in formellen oder informellen Abstimmungsprozessen koordiniert. Diese Koordination umfasst aber auch Wirtschaftspolitiken verschiedener Länder, die sich wiederum auswirken auf den Wert von Unternehmen, Aktienkursen, oder die Allokation von Mitteln, um Interventionen zu finanzieren usw. Die Öffnung von Einflussmöglichkeiten ist also Teil dieser Politik, durch die ein Staat thematisch segmental, das heißt auf einen thematischen Bereich beschränkt, eingegliedert wird. Dadurch weiten sich transnationale Regelungen in ihrer territorialen Gültigkeit aus.

Wo genau die Abgrenzungslinien beispielsweise von Regimen liegen, ist selbst Gegenstand konfliktiver Aushandlungsprozesse. Wenn Grenzen zu ziehen – wie anhand unzähliger nicht offiziell anerkannter Staatsgrenzen zu beobachten – im buchstäblichen, geografischen Bereich schon schwierig ist, dann ist die Reichweite politischer Kontrolle und Governance in einem spezifischen Politikfeld noch viel schwieriger zu *begrenzen*. Wenn Risiken räumlich zugeordnet werden, gehört zu den Risikomanagement-Strategien die Ausweitung staatlicher Kontrolle – kooperativ oder durch Zwang. Risiken werden dadurch für andere Akteure neu geschaffen, und wiederum Gegenstand von Aushandlungsprozessen (Kühn 2011). In Statebuilding-Prozessen beispielsweise wird die Regulierung von Konflikten zentrales Ziel institutioneller Transformation, wobei Entscheidungen zu treffen (etwa starke Parlamente) nachrangig gegenüber der Durchsetzung von Regelungen (Sicherheitssektorreform) behandelt wird (Bliesemann de Guevara und Kühn 2010; Kühn 2010, S. 109–110).

Hameiri wählt mit SARS ein anderes Beispiel, bei dem die territoriale Kontrolle, etwa von Reisenden bei

Grenzübertritten, die Ausbreitung der Pandemie beschränken soll. In der Tat versuchte China beim Ausbruch der Krankheit 2002, unilateral zu agieren; zunehmende Erkrankungen, die sich bis Singapur und in andere südostasiatische Staaten verbreitet hatten, erhöhten den Druck zur internationalen Kooperation. Bis dahin hatte China versucht, der *World Health Organisation* (WHO) mit Verweis auf die nationale Souveränität Daten vorzuenthalten, hatte sogar Kranke vor WHO-Kontrolleuren versteckt. Erst als ersichtlich wurde, dass China alleine die Seuche nicht würde eindämmen können, begannen die Behörden zu kooperieren. Letztlich wurden Daten übermittelt und Epidemie-Notfallroutinen von der WHO übernommen. Diese Maßnahmen genossen den Ruf, die Risiken effektiv eindämmen zu helfen, sodass tolerierbar wurde, dass sie erstens der souveränen Entscheidung Chinas zuwiderliefen und obendrein zweitens ihre Kosten, Auswirkungen und Reichweite politisch durch die Betroffenen nicht überprüft werden konnten. Mit dem Argument, dass Epidemien grenzüberschreitende Risiken darstellen – Becks ‚de-bounded risks', entgrenzte Risiken – konnte sich das WHO-Gesundheitsregime durchsetzen: ‚the depiction of particular infectious diseases as transnational risks is used to promote both the reterritorialisation of health governance and the transformation of the state, through the institutionalisation of transnational regulation of domestic governance' (Hameiri 2011, S. 392).

Der jüngere Fall der Ebolakrise 2013–2016 zeigt ebenfalls, dass die Aushebelung staatlicher Gesundheits-Steuerungsmechanismen noch weiter geht. In internationaler Absprache wurde entschieden, dass die betroffenen

Staaten – zuvorderst Guinea, Liberia und Sierra Leone – Gesundheitsmaßnahmen aufbauen *müssen,* um das internationale Risiko, das von einer potenziellen Ausbreitung ausgeht, präventiv einzuschränken. Wie sich das WHO-Gesundheitsregime ausbreitet, illustriert ein Auszug aus der Ebola-Informationsseite der WHO, wo beschrieben wird, wie die Aktivitäten unter dem Risikoparadigma in staatliche Aktivitäten eingreifen, diese strukturieren und präskriptiv auswählen, welche Maßnahmen durchgeführt werden sollen und welche nicht. Der Verweis auf die Expertise mit der damit verbundenen Depolitisierung ist hier ebenso zu erkennen wie die spezifische Machtfunktion, die das besondere, hier als überlegen dargestellte Wissen in Kombination mit den überlegenen operativen Möglichkeiten ausübt:

> WHO's preparedness activities aim to ensure all countries are ready to effectively and safely detect, investigate and report potential EVD cases, and to mount an effective response. Given the evolving situation of Ebola virus disease (EVD), there is a *considerable risk* that cases will appear in currently unaffected countries.
>
> With adequate preparation, introduction of the virus can be contained before a large outbreak develops. WHO is providing that support to more than 110 countries worldwide to ensure they are ready to respond to a potential Ebola outbreak. This includes the 14 *most at risk countries* bordering Sierra Leone, Guinea, and Liberia.
>
> Our preparedness work in Mali, Nigeria, and Senegal enabled early detection and containment of the outbreak quickly and effectively (Quelle who.int/ebola/our-work/preparedness, 17.06.2015 – eigene Hervorhebung).

Risikogovernance wird – ausgehend von einer Logik gesellschaftlich-ökonomischer und sozial-politischer Veränderung – durch verschiedene Institutionen, im konkreten Fall durch die WHO, global verbreitet. Die Durchsetzung dieser Praxis verläuft nicht widerspruchsfrei, sie verläuft in verschiedenen Teilen der Welt ungleich, und sie wirkt nicht auf alle Menschen und ihre Lebensbedingungen gleichermaßen ein. Die chinesische Reaktion, die zunächst darauf hinauslief, die WHO beim SARS-Ausbruch außen vor zu halten, um den eigenen Einfluss abzuschotten, zeigte, dass es gegen solche ausgreifenden Regime Widerstand gibt – von staatlicher wie von gesellschaftlicher Seite. Gleichwohl vermag das Argument des Risikos und die überlegenen Mittel, die fürs Risikomanagement eingesetzt werden, die Ausbreitung des Regimes wenn schon nicht zu erzwingen, so doch wenigstens zu begünstigen.

Die Staaten bleiben nicht gleich und sind ‚neuen', entgrenzten Risiken ausgeliefert wie Beck sie beschreibt; im Gegenteil macht Hameiri anschaulich, dass sich der Staat selbst verändert unter der Bedingung der Risikogovernance, sodass wir nicht genau unterscheiden können, ob sich das Risiko verändert hat oder die Machtkonstellation, von der eine Risikodefinition ausgeht. In jedem Fall können wir das Wechselverhältnis zwischen einer auf Risiko ausgerichteten Regierungspraxis und den durch diese ausgelösten strukturellen und praktischen Veränderungen des Staates analysieren. Dieser theoretische Schritt ist relevant, um die implizite oder explizite Annahme zu vermeiden, dass der Staat statisch, also in seinen Grundmerkmalen unveränderlich sei. Dass das nicht der Fall ist, zeigt die

Empirie; Governance unter dem Risikoparadigma zu analysieren erlaubt, diesen Wandel auch konzeptionell abgesichert abzubilden.

> Inwiefern verändert Risikogovernance nicht nur den Stellenwert von Risiken, sondern auch die Strukturen des Staates?
> Mit welchen Kriterien können wir die Transformation des Staates unter Risikogovernance/hin zu Risikogovernance beschreiben?
> Welche Rolle spielt das Territorium für die Bündelung von Macht im Staat, und wie kann man den Staat auch alternativ begreifen?
> Welche Veränderungen erfährt der Keynesianische Staat hin zum regulativen Staat?

9

Risikopolitik im 21. Jahrhundert

Im abschließenden Kapitel werden die Themen dieses Bandes, ausgehend von Frank Knights Überlegungen zum Risiko und deren Übertragung auf den internationalen Kontext, rekapituliert und ihre Zusammenhänge herausgearbeitet. Zentrales Problem von Risikopolitik ist, wie Entscheidungen unter der Bedingung unvollständigen Wissens, von Ungewissheit getroffen werden. Eine Kalkulation ist desto genauer, je weniger Leerstellen, also Unbekannte sie hat; wenn sie viele Unbekannte hat, führt das zu Entscheidungsschwierigkeiten. Wir alle kennen die Situation aus unterschiedlichen Kontexten, in denen wir unfähig sind, eine Entscheidung zu treffen, weil wir nicht genug über ein Problem wissen. Solche Entscheidungen charakterisieren Risikopolitik. Zu Beginn des Bandes wurden die folgenden Risiken gelistet, um sie hinsichtlich ihrer Riskantheit zu priorisieren:

© Springer Fachmedien Wiesbaden 2017
F.P. Kühn, *Risikopolitik*, Elemente der Politik,
DOI 10.1007/978-3-658-15521-6_9

> Atomkrieg, HIV/Aids, Autounfall, Krebs, Organversagen, Umweltkatastrophen, Flugzeugabsturz, terroristischer Anschlag.

Dies setzt bereits voraus, dass bekannt ist, was Risiken sind, und dass sie hinsichtlich ihrer Gefährlichkeit oder ‚Riskantheit' unterschieden werden können. Dieser Band thematisiert die Basis von Risikoentscheidungen. Dabei war von Bedeutung, einen Begriff von Risiko zu entwickeln, der sich einerseits in seiner Präzision vom alltagssprachlichen Gebrauch unterscheidet und der andererseits offen ist für die Analyse der Politik des Risikos und ihre verschiedenen Formen.

Eine wesentliche Rolle spielt das Wissen beziehungsweise der Umgang mit dem Nichtwissen. Die ‚Nebel des Krieges', von denen Clausewitz (1991 [1832–1834]) spricht, beschreiben das: Im Kriege wissen die Feldherren nicht, welche Stärke und welches militärische Potenzial ein Gegner hat; sie müssen zwar versuchen, das herauszufinden, aber andererseits auch damit umgehen, dass sie es nicht wissen. Sie können entweder alles nach vorne werfen und hoffen, dass der Gegner überrascht und vielleicht nicht ausreichend ausgestattet ist, dem etwas entgegenzusetzen. Diese Chance gibt es, aber kann man sich darauf verlassen? Wäre es nicht fahrlässig, das eigene und das Leben von Soldaten zu *riskieren*, vielleicht sogar die Eigenständigkeit des Staates verlieren? Natürlich nicht. Um einen Gegner auszumanövrieren, gilt es also, verschiedene Informationen, die vorhanden sind, miteinander so zu verknüpfen, dass sich daraus ein Lagebild ergibt, das in einer militärischen Konfrontation erlaubt, einigermaßen belastbar zu entscheiden. Rumsfelds ‚unknown unknowns' sind letztlich ein altes Problem.

Entscheidungen sind von unterschiedlicher Tragweite, aber alle Entscheidungen verweisen auf die Zukunft und die Frage, wie sie die sozialen Beziehungen beeinflussen. Das heißt, durch auf die Zukunft bezogene Entscheidungen, die auf Risikoerwägungen basieren, wird die Zukunft gestaltet. Das aber wirft uns zurück auf die Grenzen des Wissens. Der Drang, die Zukunft kennen zu wollen, gar zu müssen, wurde schon beschrieben (vgl. Kap. 7): Sicherheitsbehörden, denen keine privaten Daten heilig sind, weil sie ja dazu dienen könnten, einen terroristischen Anschlag zu verhindern; Versicherungen, die noch so kleine Daten nutzen wollen, um mithilfe der Statistik und des Algorithmus' die Regelmäßigkeiten zwischen verschiedenen Fallklassen herauszufiltern und wirtschaftlich zu erschließen; Vorbeugeplaner, die den Verlauf von Krankheiten abschätzen wollen, um effizienter und effektiver gegen Epidemien vorzugehen; Katastrophenschützer, die eine Flut oder einen Erdrutsch, eine Brandkatastrophe im Hafen oder die Explosion einer alten Fliegerbombe simulieren, um genau herauszufinden, wie eine konkrete Zukunft in einem solchen Fall aussehen könnte – sie alle kennen ihn.

Knight (2009) geht davon aus, dass menschliche Kalküle in letzter Konsequenz niemals rational sein können, weil ihnen auf die Zukunft bezogen immer etwas Ungewisses innewohnt. Es stellt sich sogar die Frage: Taugen wissenschaftliche Methoden mit ihrer Prüf- und

Wiederholbarkeit überhaupt, Rationalität praktisch umzusetzen, oder sind sie nur Schimären, die nichts daran zu ändern vermögen, dass Zukunftsentscheidungen letztlich leidlich aus dem Bauch heraus getroffen werden müssen (vgl. Gardner 2008)?

Wie können Strategien entworfen werden, die das Verhalten anderer Akteure berücksichtigen? Aber auch andere Entwicklungen, etwa von Märkten, verhindern eine klare Kalkulation: Wie gehen wir damit um, dass wir heute eine Ausbildung, ein Studium absolvieren, Zeit, Geld und Enthusiasmus investieren, aber doch nicht wissen, ob es später einen Job gibt, in dem das alles sich auszahlen wird? Davon hängt nicht nur ab, wie wohlhabend jemand sein wird, sondern auch, ob sie oder er Kinder haben, sesshaft sein oder pendeln wird, etc. – mit anderen Worten: Der Lebensstil von morgen folgt aus heutigen Entscheidungen. Diese hängen teils von konkreten Informationen ab, aber auch von einer vorgestellten Zukunft, in der man selbst irgendwie einen Platz hat, der sich in ein großes Ganzes einfügt. Ähnlich verhalten sich wirtschaftliche Entscheidungen: Wer heute in Aktien investiert, wird wohl geprüft haben, wie das Unternehmen in der Vergangenheit gewirtschaftet hat. Eine Bank legt Interessenten schöne Grafiken vor, die verzeichnen, wie sich eine Akte oder ein Fond in den letzten Jahren entwickelt hat, wie sich also eine Kapitalsumme, wäre sie vor zehn Jahren investiert worden, seitdem (idealerweise) vermehrt hätte.

Soziale Prozesse zu antizipieren ist für Knight der Startpunkt für Risikoforschung, aber auch für Forschung zu sozialen Zusammenhängen generell: Er schreibt, das menschliche Bewusstsein funktioniere so, dass wir „*perceive* the world before we act on it, and react not to what we perceive, but always to what we *infer*" (Knight 2009, zitiert nach Jarvis 2011, S. 298; Hervorheb. dort). Wir nehmen etwas wahr, aber wir reagieren und verhalten uns nach dem, was wir als Bedeutung dessen verstehen, was wir wahrnehmen. Es liegt also ein Schritt zwischen Wahrnehmung und Bedeutungszuschreibung, der prägt, wie wir mit einem Problem umgehen. Wie etwas verstanden wird, ist vermittelt durch den Verstand. Bedeutungszuschreibung, Vorausschau und Wahrnehmung sind für Knight die Kategorien, unter denen Risiko, soziale Prozesse und Verhalten zu analysieren sind. Diese Überlegungen liegen nah am Konzept der Risikokulturen von Douglas und Wildavsky, für die Sinnzuschreibung (auch, wenn sie das nicht so nennen) durch Werte und kulturelle Praktiken bedingt ist.

Risikopolitik wird erschwert durch unklare Konzeptionalisierung von Risiko, Ungewissheit und Wahrscheinlichkeiten. Knight schlägt deshalb vor, zwischen messbarer Ungewissheit und nicht messbarer Ungewissheit zu unterscheiden – dort, wo wir das Ausmaß dessen abschätzen können, was wir nicht wissen, bzw. es einer wissenschaftlichen Überprüfung zuführen können, handelt es sich um messbare Ungewissheit: Mit einer gewissen Wahrscheinlichkeit können wir ermessen, wie oft ein Fall eintritt. Dort, wo das nicht der Fall ist, ist sie nicht messbar, also mit wissenschaftlichen Methoden nicht quantitativ zu bearbeiten. Das aber heißt, dass wissenschaftlich der Ungewissheit, hier schon begrifflich getrennt von Risiko und Wahrscheinlichkeit, nicht beizukommen ist. Dieses Plädoyer für einen begrenzten Risikobegriff ist bemerkenswert, weil es verdeutlicht, wie unterschiedlich verschiedene Risiken sind – wie die Fallstudien dieses Bandes gezeigt haben. Ein Appell, nicht jeden Aspekt der ungewissen Zukunft als Risiko zu bearbeiten, erscheint angesichts immer weiter ausgreifender Risikomaßnahmen sinnvoll (vgl. Bonß 1995).

Risiken hingegen sind anders als Ungewissheit hinsichtlich ihrer Häufigkeit, Ausmaß und Stärke des Auftretens auf der Basis identifizierbarer kausaler Zusammenhänge mit einer hinreichenden Verlässlichkeit erfassbar. Knight analysiert in ähnlicher Weise wie Foucault die Konstruktion und Erfassung von Risiken als Technologie, die verschiedene Faktoren kombiniert. So kann das Auftreten von Phänomenen erfasst und in seiner Häufigkeit dargestellt werden.

Ähnlich der Häufigkeit von Arbeitsunfällen formuliert Knight als Beispiel die frühe Champagnerproduktion, wobei die unterschiedliche Qualität des verwendeten Glases dazu führte, dass immer wieder Flaschen explodierten. Diese Verluste in der Produktion wurden einkalkuliert, denn es handelte sich ja nicht um ein Risiko, sondern eine Gewissheit, dass X Flaschen vor dem Verkauf zerbrechen. Kalkulatorisch problemlos kann der Verlust als Kostenfaktor geführt werden, und die verbleibenden Flaschen müssen entsprechend teurer verkauft werden, um diese Verluste zu kompensieren. Wenn gezählt wird, wie viele Flaschen im Schnitt kaputtgehen, kann genauer mit dem Risiko umgegangen werden. Das Prinzip des Zählens liegt im Kern der Funktionsweise von Versicherungen, wie Lobo-Guerrero darlegte. Das ‚Gesetz der großen

Zahl' erlaubt solche Kalkulationen, und je ausgereifter die Technologie des Zusammenbringens von Phänomen und der Häufigkeit ihres Auftretens, desto besser die Marktchancen – Versicherungen machen Profite und müssen am Markt bleiben, also konkurrenzfähige Produkte anbieten.

Das Versicherungsprinzip lässt sich auf die produktive Leistungsfähigkeit von Menschen ausweiten. Versichertes Leben heißt im globalen, weltgesellschaftlichen Maßstab, dass die versicherten Teile der Weltbevölkerung hinsichtlich ihres Lebensstils erfasst sind, dass die Kosten eines statistisch betrachtet vorzeitigen Todes in Geld gemessen werden können. Der Wert eines Lebens ermisst sich nicht aus abstrakten ethischen Kriterien, sondern aus der ihm zugerechneten Lebensproduktivität. Leben wird nach seinem produktiven Gegenwert versicherbar. Das aber setzt eine bestimmte, profitorientierte Wirtschaftsform voraus: Nur dort, wo Erwerbsbiografien erwartbar sind, kann die Produktivität kalkuliert werden. Erfahrungswerte und Statistiken ermöglichen, mit hinreichender Wahrscheinlichkeit eine Lebenserwartung zu errechnen und dazu ein Risiko in Relation zu setzen, dass diese Lebenserwartung nicht erreicht wird. Wissen über Risikostatistiken entscheidet also über die wirtschaftliche Einbindung von Individuen in Kapitalkreisläufe. International oder global gesprochen heißt das, dass der überwiegende Anteil der Bevölkerung umgekehrt *nicht* oder nicht umfassend in kapitalistische und kalkulierbare Wirtschaftskreisläufe eingebunden ist.

Mit Foucault lässt sich begründen, warum der Wandel des Staates zu einem regulativen (Hameiri) beziehungsweise intervenierenden (also in gesellschaftliche Abläufe steuernd eingreifenden) Staat sich dennoch global ausweitet. Die politische Finalität, also soziale Prozesse erkennbar, kalkulierbar und steuerbar zu handhaben, bringt mit der Formulierung von Zielen auch die Nachfrage nach dem spezifischen Wissen um diese Prozesse mit sich. Die Gouvernementalität, dass Herrschaftsinstitutionen steuernd eingreifen, umfasst die Institutionen und Praktiken ebenso wie die grundlegende Art, wie dies abläuft: Durch Souveränität und Disziplin, die sich in formalisierten Abläufen der Herrschaftsverhältnisse ausdrücken.

‚Gouvernementalität' ist also funktional der Zusammenhang von Institutionen, deren Praktiken, Analysen und Reflexionen, den Berechnungen – also grob gesprochen, das Wissen, das sie schaffen, und den Taktiken, die sie anwenden, um spezifische Interventionen zur Steuerung von Bevölkerungen vornehmen zu können. Dazu dient die Bevölkerung als Gegenstand (Foucault sagt ‚Hauptzielscheibe') – aber nicht nur, denn auch die Institutionen sind Gegenstand der Steuerung!, die politische Ökonomie ist das Mittel zum Zweck, indem Ökonomie als gesellschaftlicher Zusammenhang verstanden wird. Von den Techniken der Intervention sind die Sicherheitsdispositive, also die multiplen auf Sicherheit basierenden Erklärungs- und Legitimationsstrategien, zentral.

Spezifisches Wissen erlaubt dabei, Ziele zu formulieren und die Mittel zu ergreifen, sie zu erreichen, wobei für die Frage des Risikos am interessantesten sicherlich die Statistik ist. Was als Technologie des Regierens funktioniert, also die Erfassung der Bürger, ihre Kartierung nach Tätigkeiten, wirtschaftlichen Verhältnissen, Sitten und Gebräuchen, identifiziert auch die Räume für Interventionen.

Dies kann als offener Aushandlungsprozess oder im Geheimen ablaufen, ist also nicht per se demokratisch oder undemokratisch; Machtressourcen sind ausschlaggebend, welches spezifische Wissen generiert wird. Schon die Einrichtung von Universitäten und Studiengängen, die eine Sorte Wissen privilegieren und eine andere unterordnen, aber auch Forschungsförderung und die Allokation von Ressourcen für dieses oder jenes Ziel gehören dazu; jede dieser Entscheidungen priorisiert ein Forschungsfeld über ein anderes. Macht bestimmt also nicht über das Wissen selbst, erlaubt aber die Strukturen zu formen und zu prägen, die das Wissen hervorbringen.

Moderne Formen des Regierens sind deshalb kompatibel und günstig für Risikoerwägungen, Risikobewirtschaftung und Risikopolitik, weil sie mit dem Sicherheitsparadigma begründbar werden. Risikokalkulationen müssen auf messbaren, also (vermeintlich) belastbaren Fakten basieren, das heißt spezifisches Wissen entscheidet über die politische Priorisierung von Risiken. Wirtschaftliche Kalkulationen und Gewinnerwartungen wirken nicht nur als ökonomische Kategorien, sondern beeinflussen das Verhalten. Versicherungsschutz ist an verschiedene Verhaltensweisen geknüpft, andernfalls der Versicherungsschutz erlischt; Auslandskrankenkassen knüpfen Versicherungsschutz an Reisewarnungen des Auswärtigen Amtes; Risikosportarten werden aus Lebensversicherungen ausgenommen; Entführungsversicherungen bedürfen der Geheimhaltung; Lebensversicherungen werden nur nach Aufhebung der ärztlichen Schweigepflicht abgeschlossen, etc.

Risiko ist deshalb als Technologie zu verstehen, weil zu seiner Bestimmung verschiedene Faktoren in ein

Verhältnis zueinander gesetzt werden, um sie versicherbar zu machen. Ein Risiko ist nach Ewald nicht allein, dass etwas passieren kann; von Risiko können wir erst dann reden, wenn ein Zwischenfall, also ein konkreter Schadensvorfall mit einer statistischen Wahrscheinlichkeit verbunden wird, wie oft und ggf. unter welchen Umständen ein Schaden eintritt.

Der Schlüssel dazu ist die Klassifikation von Fällen, also die Kriterien, die eine Risikoklasse oder eine Phänomengruppe bilden. Beispielsweise spielt bei der Kfz-Versicherung eine Rolle, ob das Auto einen großen Hubraum hat – die Größe des Motors war viele Jahre ausschlaggebend, in welcher Klasse ein Fahrzeug versichert war. Dahinter steckte die Erwartung, dass ein Fahrzeug mit größerem Motor teurer ist und deshalb die Schadenshöhe im Fall eines Unfalls höher läge. Dass jüngere Fahrer, die statistisch mehr Unfälle bauen, eher kleinere Fahrzeuge fahren, blieb unberücksichtigt. Erst in jüngerer Zeit wurde dieser Faktor aufgenommen, sodass zusätzlich das Alter des Fahrers bzw. das Mindestalter derjenigen, die das Fahrzeug führen dürfen, die Versicherungsklasse bestimmt.

Knight unterscheidet zwischen ‚apriorischen' und statistischen Wahrscheinlichkeiten. A priori heißt, dass in einer bestimmten Versuchsanordnung die Wahrscheinlichkeiten vorentschieden sind: Wird ein Würfel geworfen, besteht eine konkrete, gleich verteilte Wahrscheinlichkeit, dass 1 oder 6 erscheint. Für einen nicht manipulierten Würfel ist diese Wahrscheinlichkeit vorgegeben und bleibt konstant, egal wie viele Würfe vorgenommen werden. Eine absolut homogene Klassifikation einzelner Würfe ist möglich, weil sich die Parameter der Risikozumessung nicht ändern: Ein

Würfel hat immer sechs Seiten, also bleibt für jeden Wurf, und wenn es der hunderttausendste ist, die Wahrscheinlichkeit identisch. Anders bei statistischen Wahrscheinlichkeiten: Während apriorische Wahrscheinlichkeiten so begrenzt auf eine Versuchsanordnung sind, dass sie in der empirischen Lebenswirklichkeit praktisch nicht vorkommen, sind statistische Wahrscheinlichkeiten immer von Mehrdeutigkeiten in der Klassifikation der Fälle, aber auch in den Kriterien gekennzeichnet, nach denen die Risiken kalkuliert werden.

Methodisch ist sich Knight darüber bewusst, dass es sich bei der empirischen Beobachtung von Fällen gleicher Fallkategorien nicht um das Auffinden von Mustern handelt, sondern lediglich um die Bestimmung von Frequenzen des Auftretens von Fällen. Das reicht für die im Risiko geschäftlich Tätigen vollkommen aus, etwa Versicherungen oder auch Händler. Über Zeit ändert sich jedoch die Versuchsanordnung: Für eine Bäckerei weiß man, dass morgens X Brötchen verkauft werden, aber nicht, ob sich ein anderes Geschäft in der Nähe niederlässt, ob eine mobile Bäckerei mit dem Verkaufswagen vorbeikommt und mal, mal nicht, die Kunden abwirbt. Für Brandversicherungen bedarf es Kriterien, denen größere oder kleinere Wahrscheinlichkeiten eines Feuers zugeordnet werden können. Um das Auftreten statistisch zu erfassen wollen, müssen diese Kriterien bei den aufgetretenen Brandfällen geprüft werden. Ein Unschärfeproblem besteht für die Zuordnung von Fällen zu Klassen, weil zwei Fälle nie komplett identisch sind, also immer Varianzen bestehen, die beispielsweise die Kriterien des Gebäudes angehen: Eine Klasse von Holzhäusern zu bilden, weil die im

Brandfall schneller und gründlicher abbrennen, ergibt Sinn; aber wenn im Einzelfall ein Holzhaus abbrennt, weil es in der Einflugschneise eines Flughafens liegt und ein Flugzeug darauf gestürzt ist, ist das Kriterium, dass es ein Holzhaus war, irrelevant. Zur Risikotechnologie gehört also, abweichende Fälle aus den Statistiken zu bereinigen.

An die Grenzen stoßen auch diese Verfahren, wenn Events nicht kalkuliert werden können – Beck würde sagen: Katastrophische Risiken liegen nicht im Universum des Kalkulierbaren. Knight hingegen beschreibt als *geschätzte* Wahrscheinlichkeiten, wo keine belastbaren Informationen existieren, wie häufig ein Fall eintritt. Für Knight handelt es sich dann nicht um Risiko. Was ungewiss ist, lässt sich nicht belastbar kalkulieren: „Knight[…] returns to the problem of uncertainty as distinct from risk, where in the absence of a universe of probable (statistical probability) or known outcomes (a priori probability), we are forced to make a ‚judgement of probability' (estimated probability) and infer a universe of possible or likely outcomes." (Jarvis 2011, S. 304). Das Imaginarium wird so zum zentralen Kriterium, die Wahrscheinlichkeit zu schätzen.

Auch ökonomische Fragen, etwa ob ein Geschäft expandieren soll, beinhalten solche Abschätzungen: Da müssen neue Leute eingestellt, muss in Produktionsstätten investiert, vielleicht ein erweitertes Vertriebsnetz aufgebaut werden – ungewiss bleibt aber, wie die Konkurrenz reagiert, ob die Nachfrage bei gestiegenem Angebot mitzieht, oder ob ein Produkt aus der Mode kommt. Die Kosten sind kalkulierbar, die durch die Expansion entstehen, aber nicht die Rückflüsse, die als Einkommen den Kosten gegenüberstehen: Die sind lediglich mehr oder weniger vernünftig zu schätzen.

Risikokalkulationen sind also letztlich nicht wissenschaftlich zu belegen, es sei denn, sie sind statistisch zu erhärten oder apriorisch festgelegt, denn es bleibt immer ein Rest von Ungewissheit. Knight begründet diese Erkenntnis wissenschaftstheoretisch und verweist auf die ‚agential authority', also die Fähigkeit der Handelnden zu entscheiden, wie mit Risiken umgegangen wird. Denn empirisch gibt es ja profitable Unternehmen, die diese Risiken annehmen und offensichtlich erfolgreich mit ihnen wirtschaften.[1] Auch wenn Vorhersagen, Vorausschätzungen keine wissenschaftlichen Kategorien sind, kombinieren Schätz- und Erfahrungswissen Informationen und prägen so von der Intuition abhängige Risikopolitik.

Becks Risikorealismus geht vom Begriff der ‚reflexiven Modernisierung' aus, während der Modernisierungsschritte unausweichlich neue Risiken kreieren und so ein sich immer weiter fortsetzender Prozess von neuen Risiken, ihrer Regulierung und in der Folge aus der Regulierung hervorgehenden weiteren Risiken entspinnt. Solche ‚entgrenzten' Risiken entziehen sich nach seiner These der nationalstaatlichen Regulierung und werden zur *conditio humana* unserer Zeit. Menschen sind immer Risiken ausgesetzt, aber von ihnen geht auch ein Risiko aus. Auch wenn ein Schadensfall vielleicht nie eintritt, ist doch das

---

[1]Damit wären hohe Gehälter erfolgreicher Manager zu rechtfertigen; offen bleibt nur, warum auch erfolglose hohe Gehälter bekommen.

Potenzial immer und für alle Menschen vorhanden; Schäden, die durch menschliches Handeln entstehen, sind nie auszuschließen. Das betrifft Unfälle genauso wie die generelle Art, wie Menschen leben und wirtschaften, die andere gefährden kann. Der Bauer, der durch Überdüngung das Grundwasser verunreinigt wäre hier ebenso ein Beispiel wie die Arbeitsumstände im globalen Kapitalismus, denen Näherinnen in Bangladesch ausgesetzt sind, eingebunden in weltweite Produktionskreisläufe. Im Weltmaßstab sind also nicht nur die nicht kompensierbaren Risiken relevant – auch, dass manche Bevölkerungen von der Kompensation von eigentlich kompensierbaren Risiken ausgeschlossen sind, Risikoprämien also von jenen eingestrichen werden, die den Risiken selbst nicht ausgesetzt sind, gehört zu einem Gesamtbild globaler Risikopolitik.

In kapitalistisch vergesellschafteten Staaten ist derweil zu beobachten, dass die Logik der Kompensation durch das Vorbeugungsprinzip der Prävention ersetzt wird. Wenn Risiken, von denen alle betroffen sind, Grenzen überschreiten, mangelt es den politischen Institutionen an Passgenauigkeit. Risikobetroffenheit und politische Regelungsräume stimmen nicht mehr überein, weil es zwar immer noch Staaten gibt, in denen durch politische Entscheidungen Vorsorge getroffen oder Kompensation gegen Schäden organisiert wird, aber Risiken, die potenziell katastrophal sind, über den Raum hinausgehen, auf den sich die Regelungen erstrecken. Risiken des Klimawandels oder von Strahlung nach Atomunfällen verdeutlichen, dass Grenzen für die Betroffenheit keine Bedeutung haben. Sie haben allerdings Bedeutung dafür, welche Hierarchien sich in der internationalen Politik ausprägen, weil reichere Staaten Regeln machen können, die ihnen selbst nützen, gleichzeitig aber die Menschen in anderen Staaten mehr Risiken aussetzen – auch, wer von Risiken betroffen ist, wird aufgrund von Machtgefällen entschieden. Diese Beobachtung, dass manche Menschen/Organisationen/Staaten in Sachen Risiko über andere Entscheidungen treffen, steht in merkwürdig paradoxem Verhältnis zu der Feststellung, dass potenziell alle Menschen gleichermaßen von Risiken betroffen sind – Risiko macht alle Menschen gleich, die politischen Räume, denen sie angehören, machen sie hingegen ungleich.

Risiken spiegeln diese Machtverhältnisse, in denen hierarchisch höher stehende Entscheidungsträger und Kollektive darüber bestimmen, welche Lasten andere, weniger mächtige Akteure tragen müssen. Wissenschaftliche Unwissenheit akzentuiert diese Ungleichheit, wenn Entscheidungen getroffen werden, die viele andere mitbetreffen. Als im globalen Norden Individualverkehr auf der Basis fossiler Energieträger zum Lebensstil wurde, gehörte es zunächst zur wissenschaftlichen Unwissenheit, dass daraus ein Klimawandel resultierenden kann, dessen Folgen andere mitzutragen hätten. Machtgefälle zeigen sich darin, dass solche Entscheidungen auch von jenen ‚auszubaden', die Konsequenzen ebenso zu tragen sind, die an den Entscheidungen selbst nicht mitgewirkt haben, vielleicht sogar von der potenziellen Mitwirkung ausgeschlossen sind.

Räumlich, zeitlich, sozial entgrenzte Risiken wie der Klimawandel illustrieren: die vom Klimawandel ausgehenden Risiken sind nicht räumlich begrenzt, sie sind in ihren Auswirkungen nicht zeitlich zu begrenzen, sondern dauern sehr lang an bzw. können auch erst mit zeitlicher Verzögerung einsetzen; sozial entgrenzt sind sie deshalb, weil sie nicht nur eine soziale Gruppe betreffen. Allerdings ist zu differenzieren, wie solche Risiken zum Tragen kommen, was mitunter lokal variiert. Vom Terrorismus kann beispielsweise nicht pauschal als sozial ent- oder begrenztem Phänomen gesprochen werden. Ein anderes Beispiel wäre etwa die Eurorettung oder die Rettung ‚systemkritischer' Banken in der Krise. Dort haften alle, das heißt sind vom Eintreten eines Risikos betroffen, deren Steuermittel staatliche Institutionen aufwenden müssen, um diese Banken zu retten. Nun sind solche Entscheidungen in den Demokratien im Institutionengeflecht politisch legitimiert; gleichwohl stehen sehr wenigen Aktienbesitzern oder Kapitaleinlegern bei den Banken jene gegenüber, die von den Kapitalspekulationen nicht betroffen waren, weil sie kein Geld für diese Handlungen zur Verfügung gestellt haben. Sie müssen also die Kosten eines eingetretenen Risikos mittragen, obwohl sie an den potenziellen Gewinnen nicht beteiligt gewesen wären.

Risikopolitik im 21. Jahrhundert teilt aufgrund normativer und prozeduraler Überlegungen Risiken zu, wobei sich Normen und Werte in den letztlich nicht wissenschaftlich zu erhärtenden Graubereichen des Risikowissens zeigen. Zum politisch bewussten Umgang mit Risiken und im Versuch, sie zu kalkulieren, gehört, was wir wissen und was wir mit wissenschaftlichen, beispielsweise quantitativ-statistischen Methoden bestimmen können, in ein Verhältnis setzen zu dem, was wir nicht wissen können. Wir müssen also der Intuition, die für sich genommen keine wissenschaftliche Kategorie ist, ihren Platz einräumen.

Hier liegen die Ansätze zur Analyse der Risikopolitik: Wie sich am Beispiel des Terrorismus zeigt, ist manches am Umgang mit Risiken irrational. Knights Ansatz findet hier seine Grenze, weil er die Ungewissheit zu einer eigenen Klasse macht. Methodologisch ist das richtig, weil Nichtwissen nicht in ‚komplettes Nichtwissen' und ‚nur teilkomplettes Nichtwissen' unterteilbar ist: Nichtwissen ist Nichtwissen. Becks katastrophische Risiken sind eine andere Möglichkeit, mit dem Nichtkalkulierbaren umzugehen. Für Beck sind Knights Ungewissheiten schon Bestandteil neuer Risiken: Beide sehen das gleiche Problem, aber sie benennen es anders.

Die Fallkapitel in diesem Buch haben dieses Spannungsverhältnis, das sich nicht bei jedem Thema gleichermaßen auswirkt, auszuloten begonnen. Für das Verhältnis von Risiko und Krieg hat sich gezeigt, dass die politischen Einheiten, Staaten und ihre Institutionen Risiken selbstbezogen betrachten. In der internationalen Sicherheitspolitik überlappen sich deshalb Risikoerwägungen bezogen auf materielle Risiken mit sekundären Erwartungen, etwa einer Wählerreaktion. Letztere sind ein Risiko für Regierungen, das beeinflusst, wie Kriege geführt werden. Daraus aber ergeben sich wiederum Risiken für Soldaten im Einsatz und Risiken durch den Einsatz für Dritte. Komplexität und Geschwindigkeit der Kriegführung nehmen zu und verändern die Art, wie Krieg verstanden wird. Als hochkomplexe Unternehmungen mit einer Vielzahl von Systemen, die ineinandergreifen, vervielfacht sich das Potenzial für Störungen. Geschwindigkeit im Kampf ist zunächst ein Vorteil, schafft aber auch Druck, etwas zu erreichen. In gegenwärtigen Einsätzen werden deshalb

Verzögerungen zum taktischen Mittel: Wenn nichtstaatliche, militärisch unterlegene Gegner Zeit verzögern, steigt ihre Chance, politisch zu gewinnen. Dies gilt einerseits, weil sie sich anpassen können und gezielte, wenn auch kleine Schläge setzen können, andererseits, weil die technisierten, westlichen Staaten Probleme haben, die politische Zustimmung zu militärischen Einsätzen aufrechtzuerhalten. Deren Risiko, ausgehend von den eigenen Wählern, steigt also mit der Zeit.

Ähnlich ließen sich Einsätze im humanitären Bereich analysieren. Deren Praxis tendiert zu gettoisierten Wohnanlagen, gesichert und abgeschottet von der Außenwelt, die als bedrohlich wahrgenommen wird. Gleichzeitig ist der Lebensstil darin hyperfluid, also von beschleunigter Mobilität gekennzeichnet, sowohl im internationalen Verkehr als auch durch bevorzugte Behandlung an Checkpoints etc. Internationale Mitarbeiter haben also Privilegien gegenüber der lokalen Bevölkerung, in erster Linie durch beschleunigte Mobilität, die Hierarchien verdeutlichen, weil die beschleunigte Bewegung der einen das Hindernis für die anderen sein kann. Interaktionen sind dadurch zunehmend eingeschränkt, und nur ein ausgewählter Teil der eigentlich als Empfänger humanitärer Unterstützung gedachten kommt mit den Helfern in Kontakt.

Ein Wohlstandsgefälle zwischen diesen Gruppen drückt sich in materiellen Dingen aus, die der Bevölkerung in Hilfsländern nicht zugänglich sind: Satellitenkommunikation, Internet, Stromaggregate, Klimaanlagen, Trinkwasser, Fahrzeuge, feste Bauten, Geld – aber auch immaterieller Wohlstand, der sich in sozialen Freiheiten ausdrückt: keine Verschleierung für Frauen, Alkohol,

Lebensstil, Freizügigkeit grenzen die jeweiligen sozialen Räume voneinander ab und verdeutlichen die Hierarchien. Die Konstruktion des Anderen lokalisiert (räumlich wie im übertragenen Sinn) Risiken bei der jeweils anderen Gruppe: Sicherheitsregeln und -routinen dekontextualisieren lokale Gegebenheiten, indem sie verallgemeinert und standardisiert werden. Dies überträgt eine Bedrohungswahrnehmung aus einem Kontext auf einen anderen; Unterschiede in Kultur, Politik und Sicherheitssituation gehen dabei verloren und sind aufgrund der institutionellen Mechanismen nicht rekonstruierbar: Strikte Vorschriften formen den Ausschnitt vor, den Helfer sehen, sodass sie den Sinn und die Auswirkungen der Sicherheitsregeln nicht selbst überprüfen können, weil sie nichts anderes zu sehen bekommen als die sicherheitsrelevanten Vorkehrungen.

Lokale Gegebenheiten werden dort weitgehend ausgeblendet, wo standardisierte Routinen durchgesetzt werden. Die Einhaltung der Regeln für versichertes (westliches) Leben wird durch Versicherungskriterien durchgesetzt: nur wer sich an die Regeln hält, ist versichert. Die Risikowahrnehmung strukturiert die Praxis, und wenn die Risikowahrnehmung von einem Einsatz zum nächsten migriert, kommt es zu Disparitäten, also zu nicht zum Kontext passenden Praktiken. Hilfsmissionen verkörpern also Machtverhältnisse, die für globale Ungleichheit verantwortlich gemacht werden, sodass Ressentiments und Widerstand gegen die Helfer Unterstützung finden. Feste Strukturen (materiell wie sozial) zeigen, dass der Einsatz nicht dazu geeignet ist, sich selbst überflüssig zu machen – also das Problem, das Ursache für den Einsatz ist, zu beseitigen – sondern, dass

Unterentwicklung als dauerhaft und zu managendes, nicht zu lösendes Problem betrachtet wird.

Für den Umgang mit Terrorismus spielt die Frage des Wissens eine hervorgehobene Rolle. Der Verweis auf überlegenes Wissen – insbesondere, wenn Wissen als aus geheimen Quellen stammend dargestellt und nicht überprüft werden kann – beeinflusst den Risikodiskurs. Wissen ist symbolisches Kapital (Bourdieu) und eine Machtressource. Die Legitimität und die Akzeptanz von Maßnahmen, die der Staat gegen Terrorismus erlässt und durchsetzt, hängen davon ab, dass das vermittelte Wissen nicht wesentlich infrage gestellt wird.

Schließlich geht es um die Frage, ob unter Risikovorsorge und aus dem Präventionsgedanken heraus Freiheiten beschränkt werden, die zu den Kernmerkmalen der Demokratien gehören. Wenn öffentliche Veranstaltungen verboten werden, weil ein Anschlag geschehen könnte, wird mit dem Argument, die Sicherheit garantieren zu müssen, die Freiheit eingeschränkt, bis die Freiheit, die der Staat ja schützen soll, verschwunden ist. Das Dilemma ist, dass die Verantwortlichen, wenn es wirklich zu einem Anschlag kommt, massiv in der Kritik stehen, sollte es vorher Hinweise gegeben haben. Allerdings sind Hinweise, wenn sie aus geheimen Quellen stammen, schwer zu überprüfen, was dem demokratischen Prinzip zuwiderläuft, dass Entscheidungsgrundlagen öffentlich überprüfbar sein müssen.

Für Risikogovernance sind deshalb nicht nur die Risiken selbst relevant, sondern auch die Strukturen des Staates und wie sie sich verändern. Der regulative Staat ist ein Ergebnis der Veränderung vom Vorsorgestaat zum Präventionsstaat, wobei Regeln für verschiedene, teils grenzüberschreitende Risikoeffekte gefunden werden müssen. Indem der Staat nach dem Zweiten Weltkrieg primär als Aushandlungsplattform für den Ausgleich von Klasseninteressen verstanden wurde, ermöglichten konsekutive Deregulierungsschritte ab den 1970er Jahren eine Entgrenzung von Kapital. Um die Folgen dieser Entscheidungen zu steuern, breitete sich Risikogovernance in den westlichen Staaten aus. Die vormals klaren Interessenstrukturen lösten sich auf bzw. waren nicht mehr in den Legitimationsfiguren des Staates abgebildet: Ökonomische Praxis geht über die Grenzen des souveränen Staates hinaus, sodass transnationale Regelungen erforderlich wurden. In der Aushandlung dieser Regelungen ist der Staat nur noch einer von mehreren Akteuren.

Das Territorium verliert dabei an Bedeutung für Herrschaft, für die Bündelung von Macht im Staat, weil transnationale Regeln, ausgehandelt von unterschiedlich legitimierten Akteuren und Institutionen immer weiter ausgreifen. Die Beispiele SARS und die Ebola-Epidemie veranschaulichen, wie Regelungen jenseits nationalstaatlicher Beschlussverfahren durchgesetzt werden, indem auf Risiken verwiesen wird, die den Staat und seinen ‚Geltungsbereich' überschreiten. Das macht den Staat alternativ zum Territorialstaat auch zum sozialen Umsetzungsraum lokaler und transnationaler politischer Koalitionen, die punktuell (je nach Regelungsbedarf) Governance ausüben, also Regelungen für Teilbereiche des sozialen Lebens schaffen und durchsetzen. Der Staat wird zum Ausführungsorgan von regulierten Maßnahmen, an deren Aushandlung er aber nur zum Teil, manchmal gar nicht, manchmal federführend beteiligt ist.

Dabei bleibt der Staat ein wichtiger Akteur sowohl von lokaler Politik also auch in den transnationalisierten Regimen. Allerdings müssen sich sozialwissenschaftliche Analysen nun auch dem Verhältnis zwischen Akteuren zuwenden, da neben den Staat auch andere Akteure treten und vor allem andere politische Mechanismen greifen als wir sie in den klassischen, formalisierten Entscheidungsverfahren des Staates kennen. Dabei gilt es, unterschiedliche Machtverhältnisse zu erkennen, die sich in der Aushandlung verbergen, welche Rolle Wissensbestände und Wahrheitsbehauptungen in den transnationalisierten Regimen spielen und welchen Interessen Governance im Einzelnen dient: Haben wir es mit dem Management von Risiken zu tun, zu welchen Gunsten erfolgt es, nach welchen Rationalen? Finden die Grundlagen von Herrschaft und soziale Belange von Bevölkerungsgruppen in den sachproblemorientierten Regimen überhaupt noch Platz?

Risikopolitik und der Umgang mit Ungewissheit hängen von der Mischung klassischer Legitimationsmodelle und Entscheidungsverfahren ab, sind beeinflusst von Akteurskonstellationen und von spezifischem Wissen, das von diesen eingesetzt wird. Trotz Knights Hinweis, dass Ungewissheit und Risiko theoretisch unterschieden werden müssen, ist der Umgang mit Ungewissheit in der Praxis Teil der Risikopolitik. Gegenstand der Politik ist die Aushandlung von Risiken, die Bewertung von Wissen und Entscheidungen unter der Bedingung der wenigstens anteiligen Ungewissheit. Politisch bedeutet das, zu erkennen, dass eine durchgreifende wissenschaftliche Begründung von Risiken, also die zahlenbasierte

Governance der Gesellschaft, nicht überzeugt, wenn wir wissen, dass immer ein Rest von politischer Werteentscheidung in der Intuition enthalten bleibt, die die Auswahl von Risikokriterien bedingt. Materielle und Definitionsmacht geben für die Gewichtung den Ausschlag.

Risikopolitik zu analysieren heißt, zu fragen, unter welchen Kontextbedingungen entschieden wird, wer entscheiden darf, wessen Entscheidungen eine Chance haben, anerkannt zu werden und warum. Schematischer formuliert müssen materielle und Definitionsmacht, Kontextbedingungen, administrativ-sozialtechnologische Abläufe und nicht zuletzt das Erkenntnisinteresse der Risikoforschung reflektiert werden. Knights Ungewissheit als nicht mit Risiko identischem Problem hilft, politische Entscheidungen aufzuschnüren und ihre Entscheidungsgrundlagen offenzulegen. Sozialwissenschaftliche Forschung kann wichtige Beiträge leisten, das Spannungsverhältnis zwischen Ungewissheit und Risiko auszuloten und den politischen Umgang damit aufzuzeigen. Jenseits der ‚harten' Fakten, wie sie sich in Statistiken ausdrücken, sind die treibenden Kräfte, die zu Risikokalkulationen und zu konkreten Formen des Umgangs mit Risiken führen, Gegenstände der Forschung zur Risikopolitik. Sozialwissenschaftliche Risikoforschung kann so wesentlich zur gesellschaftlichen Selbstverständigung beitragen.

> Wie verhalten sich Wahrnehmung und Verstehen einer Situation zueinander, was können wir über die Bedeutungszuschreibung aussagen?
> Inwiefern lassen sich Risiken eindeutig oder nur annäherungsweise bestimmen?
> In Knights Überlegungen sind Risiken abschätzbar, Ungewissheiten davon zu unterscheiden – was sind die Kriterien?

Welche wissenschaftlichen Möglichkeiten eröffnen sich für Sozialwissenschaften hinsichtlich der Risikopolitik?
Wie verhalten sich Wahrnehmung und Verstehen einer Situation zueinander, was können wir über die Bedeutungszuschreibung aussagen?

10
Kommentierte Literatur

Beck, Ulrich (2006): Living in the World Risk Society. *Economy and Society,* **35(3), S. 329–345.** Ulrich Beck fasst seine wesentlichen Thesen zur Risikogesellschaft und Weltrisikogesellchaft in diesem Vortrag zusammen und bringt auf den Punkt, dass Risiken entgrenzt breite Teile der Weltbevölkerung betreffen, die politischen Regelungsräume dieser Betroffenheit aber nicht entsprechen.

Clapton, William (2011): Risk in International Relations. *International Relations,* **25 (3): S. 280–295. Link:** http://ire.sagepub.com/content/25/3/280.full.pdf+html. Die ursprünglich an Gesellschaften orientierten Überlegungen zum Risiko auf die internationale Politik zu übertragen, ist Zielsetzung dieses lesenswerten Einführungsaufsatzes.

Die Seitenzahlen jedes Titels beziehen sich jeweils auf die thematisch relevante Ausschnitte.

Coker, Christopher (2009): War in an Age of Risk. Cambridge/Malden: polity Press, S. 1–61. Dass sich die Kriegführung durch Technologie, aber auch durch Risikokalkulationen ihn führender Politikeliten gewandelt hat, zeigt Coker in seiner durch viele popkulturelle Referenzen angereicherten Analyse.

Douglas, Mary and Wildavsky, Aaron (1982): Risk and Culture. An Essay on the Selection of Technological and Environmental Dangers. Berkeley/Los Angeles/London: University of California Press, S. 1–48; 186–198 (Introduction, Chapters I & II, Conclusion). Douglas und Wildavsky erklären Risiko als kulturell bedingte Aushandlung von gesellschaftlichen Werten. Indem Gesellschaften eine Abweichung vom Normalzustand als Risiko verstehen, handeln sie aus, wie ein Gemeinwesen aussehen und strukturiert sein soll. Sie vergleichen aus anthropologischer Sicht, welche grundlegenden Mechanismen in ‚modernen' wie in ‚vormodernen' Gesellschaften wirken.

Duffield, Mark (2010): Risk-Management and the Fortified Aid Compound: Everyday Life in Post-Interventionary Society. *Journal of Intervention and Statebuilding,* **4 (4), S. 453–474. Link:** http://www.tandfonline.com/doi/pdf/10.1080/17502971003700993. Duffields Beitrag begründet, wie die Risikowahrnehmung den Umgang internationaler Hilfsmissionen mit lokalen Bevölkerungen beeinflusst. Er argumentiert, dass die Vorsichtsmaßnahmen die Helfer von der Bevölkerung entfremden und so ihren Missionszweck untergraben.

Foucault, Michel. 2004. *Sicherheit, Territorium, Bevölkerung. Geschichte der Gouvernementalität.* **Frankfurt am Main: Suhrkamp Verlag, S. 134–172 (Vorlesung 4).**

Foucault legt mit seiner Erläuterung der ‚Governmentality' den Grundstein für ein Verständnis von Risiko als Technologie zur Steuerung der Gesellschaft, zu ihrer informationellen Erfassung und zur Etablierung von Wissen, das gesellschaftliche Abläufe strukturiert.

Hameiri, Shahar (2011): State Transformation, Territorial Politics and the Management of Transnational Risk. *International Relations*, 25 (3), S. 381–397. http://ire.sagepub.com/content/25/3/381.full.pdf+html. Hameiri erklärt das Aufkommen von Risiko-Governance mit der Transformation des Wohlfahrtsstaates und seiner Verlagerung wirtschaftlicher Produktivität auf die internationale Ebene; dadurch werden neue Regulierungen notwendig, die er anhand von Gesundheitsregimen veranschaulicht.

Jarvis, Darryl S. L. (2011): Theorising Risk and Uncertainty in International Relations: The Contributions of Frank Knight. *International Relations*, 25 (3): S. 296–312. Link: http://ire.sagepub.com/content/25/3/296.full.pdf+html. Jarvis nimmt die methodologisch bedeutsamen Beiträge des Ökonomen Frank Knight als Ausgangspunkt, um zu zeigen, welche systematischen Fragen Risikoanalysen in der internationalen Politik beantworten müssen.

Lobo-Guerrero, Luis (2011): Insuring Security. Biopolitics, security and risk. London/New York: Routledge, S. 1–52. Lobo-Guerrero schlüsselt die historischen Schritte auf, durch die Risiko zum zentralen Element moderner und post-moderner Lebensweisen wurde; im genannten Abschnitt zeichnet er die Entstehung von Versicherungen aus dem Seehandel nach.

Renn, Ortwin. 2014. *Das Risikoparadox – Warum wir uns vor dem Falschen fürchten.* **Frankfurt am Main: Fischer Taschenbuch, 3. Auflage.** Ortwin Renn, einer der bedeutendsten Risikoforscher Deutschlands, zeigt, warum viele alltägliche Risikoeinschätzungen mit statistischen Tatsachen nur wenig zu tun haben; gesellschaftliche Diskurse und mediale Repräsentation verleiten die Bevölkerung dazu, sich für gefährdeter zu halten als sie ist.

Literatur

Amoore, Louise. 2013. *The politics of possibility. Risk and security beyond probability.* Durham: Duke University Press.

Amoore, Louise und Marieke de Goede. 2011. Risky geographies: Aid and enmity in Pakistan. *Environment and Planning D: Society and Space* 29:193–202. http://www.envplan.com/epd/editorials/d2902ed2.pdf.

Andersson, Ruben, und Florian Weigand. 2015. Intervention at risk: The vicious cycle of distance and danger in Mali and Afghanistan. *Journal of Intervention and Statebuilding* 9 (4): 519–541. doi:10.1080/17502977.2015.1054655.

Aradau, Claudia, und Rens van Munster. 2007. Governing terrorism through risk: Taking precautions, (un)knowing the future. *European Journal of International Relations* 13 (1): 89–115.

Bartsch, Matthias, Jan Friedmann, Michael Fröhlingsdorf, Hubert Gude, Martin Knobbe, Alexander Kühn, Dirk Kubjuweit, Conny Neumann, Sven Röbel, Jörg Schindler, Fidelius Schmid und Steffen Winter. 2015. Arme Freiheit. *Der Spiegel,* 6. Juni.

Beck, Ulrich. 1986. *Risikogesellschaft. Auf dem Weg in eine andere Moderne*. Frankfurt a. M.: Suhrkamp.
Beck, Ulrich (Hrsg.). 1991. *Politik in der Risikogesellschaft*. Frankfurt a. M.: Suhrkamp.
Beck, Ulrich. 2006. Living in the world risk society. *Economy and Society* 35 (3): 329–345.
Beck, Ulrich. 2007. *Weltrisikogesellschaft. Auf der Suche nach der verlorenen Sicherheit*. Frankfurt a. M.: Suhrkamp.
Bernstein, Peter L. 2004. *Wider die Götter. Die Geschichte der modernen Risikogesellschaft*. Hamburg: Murmann.
Bliesemann de Guevara, Berit. 2016. Journeys to the limits of first-hand knowledge: Politicians' on-site visits in zones of conflict and intervention. *Journal of Intervention and Statebuilding* 10 (1): 56–78. doi:10.1080/17502977.2015.1137394.
Bliesemann de Guevara, Berit und Florian P. Kühn. 2010. *Illusion Statebuilding. Warum sich der westlicher Staat so schwer exportieren lässt*. Hamburg: edition Körberstiftung.
Bliesemann de Guevara, Berit, und Florian P. Kühn. 2011. 'The international community needs to act': Loose use and empty signalling of a hackneyed concept. *International Peacekeeping* 18 (2): 135–151. doi:10.1080/13533312.2011.546082.
BMVg (Bundesministerium der Verteidigung). 2016. *Weißbuch 2016 zur Sicherheitspolitik und zur Zukunft der Bundeswehr*. Berlin. www.weissbuch.de.
Bonß, Wolfgang. 1995. *Vom Risiko: Unsicherheit und Ungewißheit in der Moderne*. Hamburg: Hamburger Edition.
Bush, George W. 2006. *Speech on Terrorism*. Sept 6, 2006. http://www.nytimes.com/2006/09/06/washington/06bush_transcript.html?_r=0. Zugegriffen: 27. Juli 2016.
Castel, Robert. 1991. From dangerousness to risk. In *The Foucault Effect. Studies in Governmentality*, Hrsg. G. Burchell, C. Graham, und P. Miller, 281–298. Chicago: University of Chicago Press.

Charbonneau, Bruno. 2010. *The security-development nexus: Reflections on international interventions and the purpose of force*. New Orleans: Unveröffentlichtes Konferenzpapier, International Studies Association Annual Convention.

Clausewitz, Carl von. 1991. *Vom Kriege. Vollständige Ausgabe*. Bonn: Dümmlers.

Clapton, William. 2011. Risk in international relations. *International Relations*, 25 (3): 280–295. http://ire.sagepub.com/content/25/3/280.full.pdf+html.

Coker, Christopher. 2009. *War in an Age of Risk*. Cambridge: Polity.

Daase, Christopher. 1999. *Kleine Kriege – große Wirkung. Wie unkonventionelle Kriegsführung die internationale Politik verändert*. Baden-Baden: Nomos.

Daase, Christopher. 2002. Internationale Risikopolitik. Ein Forschungsprogramm für den sicherheitspolitischen Paradigmenwechsel. In *Internationale Risikopolitik. Der Umgang mit neuen Gefahren in den internationalen Beziehungen*, Hrsg. C. Daase, S. Feske, und I. Peters, 9–35. Baden-Baden: Nomos.

De Haan, Arjan. 2009. *How the aid industry works: An introduction to international development*. Sterling: Kumarian.

Denso, Christian. 2009. Foltern lassen. Wie nach 9/11 das Sicherheitsdenken eskalierte – eine Bilanz des BND-Ausschusses. *DIE ZEIT*, 18. Juni. http://www.zeit.de/2009/26/BND-Fazit. Zugegriffen: 27. Juli. 2016.

Dillon, Michael, und Luis Lobo-Guerrero. 2008. Biopolitics of security in the 21st century: An introduction. *Review of International Studies* 34 (2): 265–292.

Douglas, Mary. 1985. *Risk acceptability according to the social sciences*. New York: Russell Sage Foundation.

Douglas, Mary, und Aaron Wildavsky. 1982. *Risk and culture*. Berkeley: University of California Press.

Duffield, Mark. 2010. Risk-management and the fortified aid compound: Everyday life in post-interventionary society. *Journal of

Intervention and Statebuilding, 4 (4): 453–474. http://www.tandfonline.com/doi/pdf/10.1080/17502971003700993.

Ehrhart, Hans-Georg, und Götz Neuneck, Hrsg. 2015. *Analyse sicherheitspolitischer Bedrohungen und Risiken und Aspekten der Zivilen Verteidigung und des Zivilischutzes*. Baden-Baden: Nomos.

Ehrhart, Hans-Georg, Sybille Reinke de Buitrago und Johann Schmid. 2015. Kurz- und mittelfristige militärische Bedrohungen und Risiken. In *Analyse sicherheitspolitischer Bedrohungen und Risiken und Aspekten der Zivilen Verteidigung und des Zivilischutzes*, Hrsg. H.-G. Ehrhart und G. Neuneck, 80–112. Baden-Baden: Nomos.

Evans, Dylan. 2012. *Risk intelligence – How to live with uncertainty*. New York: Free Press.

Ewald, François. 1991. Insurance and risk. In *The Foucault Effect. Studies in Governmentality*, Hrsg. G. Burchell, C. Gordon, und P. Miller, 197–201. Chicago: University of Chicago Press.

Ferguson, Adam. 1986. *Versuch über die Geschichte der bürgerlichen Gesellschaft*. Herausgegeben von Z. Batscha und H. Medick. Frankfurt a. M.: Suhrkamp.

Foucault, Michel. 2004. *Sicherheit, Territorium, Bevölkerung. Geschichte der Gouvernementalität*. Frankfurt a. M.: Suhrkamp.

Gantzel, Klaus Jürgen und Thorsten Schwinghammer. 1995. *Die Kriege nach dem Zweiten Weltkrieg 1945 bis 1992: Daten und Tendenzen*. Kriege und militante Konflikte, Bd. 1. Münster: Lit.

Gardner, Daniel. 2008. *The science of fear – why we fear the things we shouldn't – and put ourselves in greater danger*. New York: Dutton.

Gong, Gerrit W. 1984. *The standard of 'civilization' in international society*. Oxford: Clarendon.

Graham, David A. 2014. Rumsfeld's knowns and unknowns: The intellectual history of a quip. *The Atlantic, 25. März*. http://www.theatlantic.com/politics/archive/2014/03/rumsfelds-knowns-and-unknowns-the-intellectual-history-of-a-quip/359719/. Zugegriffen: 7. Okt. 2016.

Hameiri, Shahar. 2011. State transformation, territorial politics and the management of transnational risk. *International Relations*, 25 (3): 381–397. doi:10.1177/0047111811416290.

Hameiri, Shahar, und Florian P. Kühn. 2011. Introduction: Risk, risk management and international relations. *International Relations* 25 (3): 275–279. doi:10.1177/0047117811415479.

Heathershaw, John. 2016a. Objects and spaces of aid: An introduction. *Journal of Intervention and Statebuilding* 10 (1): 25–31. doi:10.1080/17502977.2015.1137396.

Heathershaw, John. 2016b. Who are the 'international community'? Development professionals and liminal subjectivity. *Journal of Intervention and Statebuilding* 10 (1): 77–96. doi:10.1080/17502977.2015.1137395.

Hobbes, Thomas. 1966 [1651]. *Leviathan, oder Stoff, Form und Gewalt eines kirchlichen und bürgerlichen Staates*. Hrsg. v. Iring Fetscher. Frankfurt a. M.: Surhkamp.

Hobson, John M. 2004. *The Eastern Origins of Western Civilization*. Cambridge: Cambridge UP.

Hobson, John M. 2012. *The Eurocentric Conception of World Politics. Western International Theory, 1760–2010*. Cambridge: Cambridge UP.

Hoffman, Bruce. 2002. *Terrorismus: Der unerklärte Krieg*. Frankfurt am Main: Fischer.

Holland, Jack, und Mike Aaronson. 2014. Dominance through coercion: Strategic rhetorical balancing and the tactics of justification in Afghanistan and Libya. *Journal of Intervention and Statebuilding* 8 (1): 1–20. doi:10.1080/17502977.2013.856126.

Hume, David. 1988. *Politische und ökonomische Essays. Teilband 2*. Herausgegeben von U. Bermbach. Hamburg: Meiner.

Hume, David. 2008. *Selected essays*. Herausgegeben von S. Copley und A. Edgar. Oxford: Oxford UP.

Japp, Klaus-Peter. 1996. *Soziologische Risikotheorie: Funktionale Differenzierung, Politisierung und Reflexion*. München: Juventa.

Jarvis, Darryl S. L. 2011. Theorising risk and uncertainty in international relations: The contributions of Frank Knight. *International Relations*, 25 (3): 296–312. http://ire.sagepub.com/content/25/3/296.full.pdf+html.

Jenkins, Brian M. 1975. International terrorism: A new mode of conflict. In *International terrorism and world security*, Hrsg. D. Carlton und C. Schaerf, 13–49. London: Croom Helm.

Jenkins, Brian M. 2006. The new age of terrorism. In *McGraw-Hill Home-land Security Handbook*, Hrsg. D. G. Kamien, 117–130. New York: McGraw-Hill.

Kahl, Martin (Hrsg.). 2011. *The transnationalisation of risks of violence*. Baden-Baden: Nomos.

Kahn, Hermann. 1965. *Eskalation. Die Politik der Vernichtungsspirale*. Berlin: Propyläen.

Knight, Frank H. 2009. *Risk, uncertainty and profit*. Kissimmee: Signalman.

Krause, Ulf von. 2013. *Die Bundeswehr als Instrument deutscher Außenpolitik*. Wiesbaden: Springer VS.

Kühn, Florian. 2010. *Sicherheit und Entwicklung in der Weltgesellschaft. Liberales Paradigma und Statebuilding in Afghanistan*. Wiesbaden: Springer VS.

Kühn, Florian P. 2011. Securing uncertainty: Sub-state security dilemma and the risk of intervention. *International Relations* 25 (3): 363–380. doi:10.1177/0047117811416289.

Kühn, Florian P. 2012. Von Mücken und Elefanten – Reflexionen über den Terrorismusdiskurs. In *Heimatdiskurs. Wie die Auslandseinsätze der Bundeswehr Deutschland verändern*, Hrsg. M. Daxner und H. Neumann, 243–271. Bielefeld: Transcript.

Kühn, Florian P. 2013. Post-Interventionist Zeitgeist: The ambiguity of security policy. In *The armed forces: Towards a post-interventionist era?*, Hrsg. G. Kümmel und B. Giegerich, 17–28. Wiesbaden: Springer VS.

Kühn, Florian P. 2016. The ambiguity of things: Souvenirs from Afghanistan. *Journal of Intervention and Statebuilding* 10 (1): 97–115. doi:10.1080/17502977.2015.1137397.
La Perrière, Guillaume de. 1555. *Le Miroire politique, œuvre non moins util que necessaire à tous monarches, roys, princes, seigneurs, magistrats, et autres surintendants et gouverneurs de Republicques.* Lyon: o. V. (2. und 3. Auflage Paris 1567).
Langner, Ralph. 2013. Stuxnet's secret twin. *Foreign Policy*, 19. November. http://foreignpolicy.com/2013/11/19/stuxnets-secret-twin/
Leggewie, Claus. 2016. Der Weg in den Angststaat. *Frankfurter Allgemeine Zeitung*, 6. Januar. http://www.faz.net/aktuell/feuilleton/debatten/angst-in-zeiten-des-terrors-13998816.html. Zugegriffen: 7. Okt. 2016.
Lemke, Thomas. 2007. *Biopolitik zur Einführung*. Hamburg: Junius.
Lobo-Guerrero, Luis. 2011. *Insuring security. Biopolitics, security and risk*. Abingdon: Routledge.
Lobo-Guerrero, Luis 2012. *Insuring war. Sovereignty, security and risk*. Abingdon: Routledge.
Lobo-Guerrero, Luis 2016. *Insuring life. Value, security and risk*. Abingdon: Routledge.
Locke, John. 1977 [1690]. *Zwei Abhandlungen über die Regierung*. Hrsg. v. Walter Euchner. Frankfurt a. M.: Suhrkamp.
Luhmann, Niklas. 1991. *Soziologie des Risikos*. Berlin: De Gruyter.
Machiavelli, Niccolo. 1925 [1532]. *Vom Fürsten/Kleinere Schriften*. Gesammelte Werke, Bd. II. München: Müller.
Mao, Tse-tung. 1966. *Theorie des Guerillakrieges oder Strategie der Dritten Welt*. Reinbek: Rowohlt.
Morris, Errol. 2014. *The certainty of Donald Rumsfeld (Part 1–4). New York Times*, 25. März. www.opinionator.blogs.nytimes.com/2014/03/25/the-certainty-of-donald-rumsfeld. Zugegriffen: 7. Okt. 2016.

Mueller, John. 2005. Six rather unusual propositions about terrorism. *Terrorism and Political Violence* 17 (9): 487–505.

Mythen, Gabe, und Sandra Walklate. 2008. Terrorism, risk and international security: The perils of asking ‚what if?'. *Security Dialogue* 39 (2–3): 221–242.

Nadesan, Majia Holmer. 2008. *Governmentality, biopower, and everyday life.* New York: Routledge.

NATO 2016. NATO-Russia Council. http://www.natoschool.nato.int/cps/en/natohq/topics_50091.htm. Zugegriffen: 12. Juli 2016.

Nolte, Paul. 2006. *Riskante Moderne. Die Deutschen und der neue Kapitalismus.* München: Beck.

Pidgeon, Nick, Roger E. Kasperson, und Paul Slovic (Hrsg.). 2003. *The social amplification of risk.* Cambridge: Cambridge UP.

Porter, Roy. 1991. *Kleine Geschichte der Aufklärung.* Berlin: Wagenbach.

Pospisil, Jan. 2009. *Die Entwicklung von Sicherheit.* Bielefeld: transcript.

Pospisil, Jan, und Florian P. Kühn. 2016. The resilient state: New regulatory modes in international approaches to state building? *Third World Quarterly* 37 (1): 1–16. doi:10.1080/01436597.2015.1086637.

Reinhard, Wolfgang. 1999. Geschichte der Staatsgewalt und europäische Expansion. In *Verstaatlichung der Welt: Europäische Staatsmodelle und außereuropäische Machtprozesse*, Hrsg. W. Reinhard, 317–356. München: Oldenbourg.

Renn, Ortwin. 2014. *Das Risikoparadox – Warum wir uns vor dem Falschen fürchten*, 3. Aufl. Frankfurt a. M.: Fischer Taschenbuch.

Renn, Ortwin, Pia-Johanna Schweizer, Marion Dreyer und Andreas Klinke. 2007. *Risiko. Über den gesellschaftlichen Umgang mit Unsicherheit.* München: oekom.

Ricks, Thomas E. 2006. *Fiasco. The American military adventure in Iraq.* New York: Penguin.

Robert, Koch-Institut (Hrsg.). 2015. *Gesundheit in Deutschland. Gesundheitsberichterstattung des Bundes. Gemeinsam getragen von RKI und Destatis*. Berlin: RKI.

Rousseau, Jean-Jacques. 1958. *Der Gesellschaftsvertrag oder Die Grundsätze des Staatsrechts*. Hrsg. v. Heinrich Weinstock. Stuttgart: Reclam (Erstveröffentlichung 1762).

Shaw, Martin. 2002. Risk-transfer militarism, small massacres and the historic legitimacy of war. *International Relations* 16 (3): 343–359.

Siegelberg, Jens. 2000. 'Staat und internationales System – ein strukturgeschichtlicher Überblick'. In *Strukturwandel internationaler Beziehungen*, Hrsg. J. Siegelberg, and K. Schlichte, 11–56. Wiesbaden: Westdeutscher Verlag.

Smirl, Lisa. 2015. Spaces of aid. How cars, compounds and hotels shape humanitarianism. London: Zed.

Smith, Adam. 2001. *Der Wohlstand der Nationen: Eine Untersuchung seiner Natur und seiner Ursachen*. München: DTV.

Spies, Marcus. 1993. *Unsicheres Wissen. Wahrscheinlichkeit, Fuzzy-Logik, neuronale Netzwerke und menschliches Denken*. Heidelberg: Spektrum.

Tilly, Charles. 1985. War making and state making as organized crime. In *Bringing the state back in*, Hrsg. P. B. Evans, D. Rueschemeyer, und T. Skocpol, 167–191. Cambridge: Cambridge UP.

Tilly, Charles. 1992. *Coercion, capital, and European states, AD 990–1992*. Cambridge: Blackwell.

Weber, Max. 1985. *Gesammelte Aufsätze zur Wissenschaftslehre*. Hrsg. v. J. Winckelmann. Tübingen: J.C.B. Mohr.

MIX
Papier aus verantwortungsvollen Quellen
Paper from responsible sources
FSC® C105338

If you have any concerns about our products,
you can contact us on
ProductSafety@springernature.com

In case Publisher is established outside the EU,
the EU authorized representative is:
**Springer Nature Customer Service Center GmbH
Europaplatz 3, 69115 Heidelberg, Germany**

Printed by Libri Plureos GmbH
in Hamburg, Germany